Wasser
erleben und erfahren

Das Element Wasser in der Grundschule

Verlag an der Ruhr

RWW

Impressum

Erstellt im Auftrag der: RWW Rheinisch-Westfälischen
Wasserwerksgesellschaft mbH
Mülheim an der Ruhr

Autoren: Winfried Kneip
Wilfried Stascheit

Zeichnungen und Layout: Judith Tück
Monika Helwig
Michael Hütten
Oliver Rahn

Titelbild: Michael Hütten

Verlag: ***Verlag an der Ruhr***
Postfach 10 22 51
45422 Mülheim an der Ruhr
Alexanderstr. 54
45472 Mülheim an der Ruhr
Tel.: 02 08 – 49 50 49
Fax: 02 08 – 495 0 495
e-mail: info@verlagruhr.de

ISBN 3-927279-57-9

(Die Schreibweise der Texte
folgt der reformierten Rechtschreibung.)

Ein weiterer
Beitrag zum
Umweltschutz:

*Das Papier, auf dem dieser Titel gedruckt ist, hat ca. **50% Altpapieranteil**, der Rest sind **chlorfrei** gebleichte Primärfasern.*

Inhalt

Das Element Wasser in der Grundschule

Das „natürliche Ur-Element" bietet die Möglichkeit, Kinder in der Grundschule über den alltäglichen Umgang mit dem „Lebens-Mittel" Wasser an den „Lebens-Spender" Wasser und alle damit verknüpften natürlichen Prozesse und Phänomene heranzuführen.

Wir stellen uns dabei einen spielerischen, forschenden, entdeckenden Weg vor, der auch Ab- und Umwege, kreative Schlenker und staunendes Verweilen ermöglicht. Zentrales Anliegen ist uns, Kinder die Vielfalt und die erstaunlichen Eigenschaften von **Wasser erleben und erfahren** zu lassen.

Der Aufbau der Materialsammlung

Um eine möglichst offene und vielfältige Arbeit mit dieser Mappe zu ermöglichen, haben wir die Ideen, Anregungen, Versuche, Spielereien etc. thematisch geordnet als „Baukästen" angelegt. Bewusst haben wir dabei das sinnliche Erleben vor jede weiter gehende Beschäftigung mit dem Phänomen Wasser gestellt. Daran anknüpfend werden aber Versuche, Erforschungen, Exkursionen angeregt, die Erkenntnisse ermöglichen, welche sich später strukturieren und systematisieren lassen, z.B. mittels physikalischer Gesetzmäßigkeiten.

Die Arbeit mit den Baukästen

Man kann diese Baukästen „öffnen" und einzelne Bestandteile, die in den unterrichtlichen Kontext passen, entnehmen. Dadurch eignen sie sich besonders für die Freie Arbeit.

Die Elemente lassen sich auch zu kleineren und größeren Projekten kombinieren oder als Grundlage einer Unterrichtsreihe hintereinander schalten.

Dieses methodische Baukastenprinzip sollte möglichst seine Entsprechung auch in der formalen Präsentation und Aufbewahrung von benötigten Materialien finden: in größeren oder kleineren Schachteln, Kartons.

Zweckmäßigerweise auch in Schüsseln, Eimern etc. könnten Materialien für Versuche, Infoblätter, Verweise auf Bücher der Klassenbüchereien, Stadtbibliotheken, Arbeitsblätter, Sammlungen von Anschauungsmaterial, Querverweise zu verschiedensten Fächern (z.B. Wörterlisten, Tabellen, Geschichten, Lieder, mathematische Fragestellungen wie Messen, Mengen und Größen usw.) angelegt werden. Dazu vieles, was bei der Arbeit mit den Baukästen anfällt, z.B. Arbeitsergebnisse, Tipps von Gruppen, die mit Materialien schon gearbeitet haben.
Die Sammlung kann in der Klasse in einer „Wasser-Ecke“ aufgebaut sein und den Kindern (während der Freiarbeit) zur Verfügung stehen.

Wer sich und den Kindern ein so selbstständiges Arbeiten noch nicht zutraut, der hat gleichwohl ein unmittelbar einsetzbares Medienpaket für die entsprechenden Themen des Lehrplans zur Hand. Die Sammlung kann dann als „Medienecke“ im Lehrerzimmer angelegt und von der Lehrerin während des Unterrichts als motivierendes Arbeitsmaterial eingebracht werden.

Hinweise für die weitere Arbeit

Vergeblich wird man in den Baukästen bisweilen nach Elementen suchen, die ein Thema oftmals erst „rund“ machen. Spiele, Lieder, Gedichte, Geschichten, Anregungen für eine bildnerisch-künstlerische Umsetzung. Wir haben hier zum Teil darauf verzichtet, um die Mappe noch in einem überschaubaren Rahmen zu halten, auch von der Seitenzahl her.
Wir sind der Meinung, dass die LehrerInnen diese Elemente – auch ohne größere Mühe – zusammenstellen können, wenn dies nicht (sinnvollerweise) von den Kindern selbst erledigt werden kann (s. Projekt „Wasserbuch“).
Als wahre Fundgrube für derartige Elemente können wir Ihnen die Mappe **„Wasser erspielen und erfahren – Das Element Wasser im Kindergarten“** empfehlen. Die meisten der dort vorgestellten Anregungen und Aktivitäten lassen sich noch ohne Mühe in den Unterricht der Eingangsklassen integrieren.
Das Thema **„Wasser in der Dritten Welt“** ist eigentlich einen ganzen Band Wert – deshalb haben wir es nicht in diese Mappe aufgenommen.
Wir wollen erreichen, dass die Kinder lernen, hier, bei uns, mit Wasser pfleglich umzugehen. Es wäre auch falsch, die gebotene Sorgfalt im Umgang mit Wasser hier aus dem Hinweis auf einen Mangel andernorts zu begründen.
Wer den Kindern einiges vom Alltag und Problemen anderer Kulturen in ärmeren Ländern vermitteln will, den verweisen wir auf zwei Sonderhefte zum Thema „Dritte Welt in der Grundschule“, auf die wir bei den Literaturempfehlungen hinweisen.

Didaktische Hinweise

Die Arbeitsblätter/Ideen/Anregungen sind so formuliert, dass sie von den Kindern etwa ab der 3. Klasse gelesen und sofort umgesetzt werden können, wenn die erforderlichen und angegebenen Materialien vorhanden sind.
Jeder Baukasten wird mit didaktischen Hinweisen für die Hand der LehrerInnen eingeleitet, in welchen Besonderheiten und Wissenswertes für jedes Kapitel angerissen werden.
Die Wörterliste stellt zentrale – nicht alle – Wörter vor, die bei der Arbeit zum jeweiligen Thema relevant und wichtig sein können.

Wie der Wind geschwind
Ute u. Tilman Michalski
Spielen und Basteln mit Wind und Wasser – verblüffende und anregende Ideen für Spielsachen zum Selbermachen.
Otto Maier Verlag, Ravensburg, 1988.

Peter Lustigs Bastelbuch
Peter Lustig
Viele lustige und originelle Ideen für Basteleien rund um das Thema Wasser:
Schiffe; Wettermessungen; Flaschen, die überraschen; Schlauchverbindungen.
VGS, Köln, 1985.

Wasserspiele
Almuth Barth
Jede Menge Spiele am, im und mit Wasser, für kleine und große Gruppen, Kinder und Jugendliche.
Hugendubel Verlag, München, 1989.

Unsere Umwelt entdecken,
Rudolf R. Knirsch
Ein eigenes Kapitel über „Wasser – wertvoller als Geld?". Viele Anregungen für Lehrer- und ErzieherInnen, mit Kindern die Natur zu entdecken.
Fischer Verlag, Frankfurt, 1988.

Ökologie – Handbuch Grundschule
Gerhard de Haan
Sehr viele praktische Anregungen, kleine Projektideen, Erkundungsaufträge, handelndes Lernen in der Grundschule. Eine Fundgrube!
Beltz Verlag, Weinheim, 1989.

Natur – Kinder – Garten
Naturschutzzentrum NRW, Hrsg.
Wenn auch vom Titel her nur für den Kindergarten ausgewiesen, ist dieses Heft auch in der Grundschule durchweg bedenkenlos einsetzbar. Viele praktische Hinweise für aktive Naturerkundungen und -erlebnisse mit Kindern. Einzelhefte zu bestellen gegen Einsendung von 1.- DM Rückporto in Briefmarken bei:
Naturschutzzentrum NRW, Landesanstalt für Ökologie, Landschaftsentwicklung und Forstplanung NW, Leibnizstrasse 10, 45659 Recklinghausen.

Dritte Welt in der Grundschule,
Hefte 4/87 und 4/88
Projekt des Arbeitskreises Grundschule e. V.
Wasser bei uns und in Afrika – am Beispiel des Senegal werden hier zwei Unterrichtsreihen vorgestellt, aus denen man viele Beispiele für die eigene Arbeit mit dem Thema entnehmen kann. Sehr empfehlenswert.
Friedrich Verlag, Seelze.

Wasser-Buch

Während du dich mit dem Thema Wasser beschäftigst, werden sicher viele Gedichte, Lieder, Geschichten, Bilder entstehen. Die kannst du sammeln und daraus dann dein eigenes **Wasser-Buch** machen.
Dazu brauchst du nur einen Schnellhefter oder eine Sammelmappe. Damit man gleich sieht, dass es ein Wasser-Buch ist, solltest du das Titelbild selbst malen. Du kannst auch aus Zeitungen Fotos vom Wasser ausschneiden oder ausreißen und sie auf das Titelbild kleben.

Auf das Titelbild gehört auch noch der Titel, der Name des Buches. Suche dir einen schönen aus: „Wasser" oder „Wasser-Buch" oder „Tropfen" oder ... Vergiss nicht, deinen Namen dazuzuschreiben.

In dieses einmalige Wasser-Buch kannst du nun alles einheften, was du zum Thema Wasser interessant und schön findest.
Du kannst schon mal anfangen. Suche aus Lesebüchern oder Büchern, die du zu Hause liest, Texte zum Thema „Wasser" heraus, die dir gefallen. Schreibe sie ab oder gib sie deiner Lehrerin zum Kopieren. Wenn das alle in eurer Klasse machen, dann habt ihr bald eine richtige Wasser-Textsammlung zusammen.

Wasser-Bücherei

Sucht zu Hause alle Bilderbücher, Bücher und Bilder, die mit dem Thema Wasser zu tun haben. Das können auch Bücher über Piraten, Inseln, Wassergeister sein. Oder über Regenwürmer, Frösche, Libellen. Denkt mal ein bisschen darüber nach, was alles mit Wasser zu tun haben könnte. Sammelt alle Bücher, die ihr dazu gefunden habt in eurer Klasse. Macht eine Wasser-Bücherei. Denkt daran, den Namen in eure Bücher auf die erste Seite zu schreiben, damit man immer weiß, wem welches Buch gehört. Aus dieser Klassenbücherei könnt ihr euch nun Bücher ausleihen, die euch interessieren. Aber: Zurückbringen nicht vergessen!
Macht eine Liste, in die tragt ihr ein, wer welches Buch wann ausgeliehen hat.

Wasser-Museum

Es gibt ganz viel verschiedenes Wasser. Das werdet ihr feststellen, wenn ihr ein Wasser-Museum in eurer Klasse eröffnet. Dazu braucht ihr erstmal nur Gläser, am besten mit Deckel. Sammelt in diesen Gläsern das unterschiedliche Wasser: Leitungswasser, Regenwasser, Sprudelwasser, Waschwasser, ... euch fällt bestimmt noch mehr ein. Vergesst nicht, die Gläser mit kleinen Zettelchen zu bekleben. Darauf schreibt ihr, welches Wasser sich in dem Glas befindet und wann ihr es eingefüllt habt.
Mit diesem Wasser-Museum könnt ihr viele Dinge machen. Ihr könnt die Wasserproben vergleichen. Worin unterscheiden sie sich? Sehen sie gleich aus? Riechen sie unterschiedlich? Wenn ihr die Gläser so dreht, dass die Zettelchen nach hinten zeigen: Wer kann raten, welches Wasser woher kommt?

Warnhinweis:
Kein Wasser aus dem Wassermuseum trinken! In vielen Wasserproben werden giftige Stoffe sein!

Einstiege und Pausenfüller/Wasser-Kunst

Die Einstiege sind so angelegt, dass sie immer eine ganze Bandbreite des Themas Wasser einschließen, sei es über das Erschließen des Wortfeldes „Wasser" (Einstieg 1: Zum Nachdenken und Weiterspinnen), über Fragen (Einstieg 2: Wasser-Fragen) oder über akustische Anreize (Einstieg 3: Wasser-Klänge).
Es wird wohl kaum möglich sein, das Thema in seinem ganzen Spektrum im Unterricht der Grundstufe zu behandeln. Speziell der Einstieg 2 erlaubt den SchülerInnen aber, zu den Fragen, die sie selber stellen, auch Antworten zu suchen, was die Motivation natürlich erheblich steigert.
Auch der Erkundungs-Auftrag des Einstiegs 3 eröffnet ein weites Feld für vertiefende Ansätze:
Welche Wassergeräusche sind auf Band zu hören?
In welchen Formen begegnet uns Wasser überhaupt?

Als Pausenfüller haben wir den **Balancierenden Delphin**, eine keine Bastel- und Tüftelei ohne einen **tieferen** Bezug zum Phänomen Wasser. Sie ist aber – themenbezogen – für Vertretungsstunden, Lücken im Unterrichtsverlauf, als Pausenfüller eben, gedacht.

Für die **Wasser-Kunst** eignen sich der kleine Lehrgang **Wir zeichnen Wassertiere** und die **Tauch-Muster**, die als Einstieg in das Phänomen „Kapillareffekt" dienen können.
Beim Zeichenkursus sollten die Kinder zuerst die Grundformen Kreis, Viereck und Dreieck üben, bevor sie mit einer gewissen Sicherheit die Wassertiere aus den Elementen zusammensetzen lernen. Vielleicht werden die Kinder durch diese einfache Methode auch dazu angeregt, andere Tiere (oder Menschen) in diesen Grundformen zu erfassen und zu zeichnen.

Zum Nachdenken und Weiterspinnen

Wasser

– fließt
– plätschert – murmelt
–gurgelt – gluckst – rauscht
– braust – brandet – tobt – wogt
– tost – wallt – donnert – schäumt – reißt
– verschlingt – spült – tropft – regnet – schüttet – fällt

Findet ihr mehr Wörter? Ergänzt die Liste der Verben!

Wasser ist

Wasser ist Leben
Wasser ist Wüste – Wasser ist Brühe
Wasser ist nass – Wasser ist unbändig

Was ist Wasser noch?

Wasserfantasien

Wasser schnulpt – Wasser frimselt – Wasser
...
Wassssserrr – Was? Sehr!
Himmelstropfenplitschwasser

Findet Fantasiewörter, Wortspiele, ganz lange Wörter!

Wasser-Fragen

Warum hat Wasser so viele unterschiedliche Farben?
Woher kommen die Eisblumen?
Wie kommt der Regen in die Wolken?
Wohin geht das Wasser aus den Pfützen?
Warum schwimmt ein Schiff aus Eisen?
Gibt es Seeschlangen und Wasserungeheuer?
Atmen die Fische Wasser?
Wie tief kann man tauchen?
Ist Hagel auch Regen?

Welche anderen Fragen fallen euch ein?

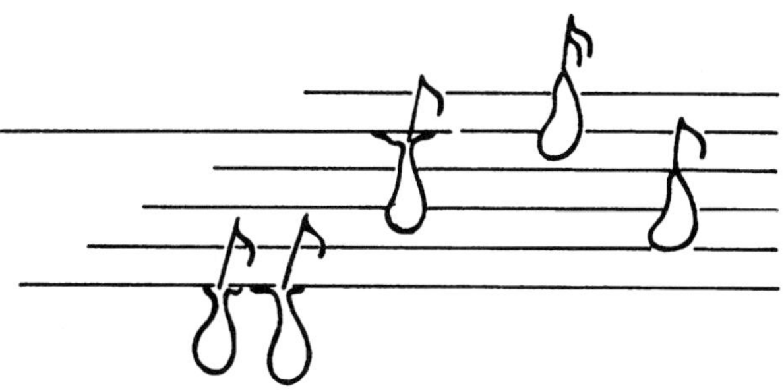

Wasser-Klänge

Welche Geräusche kann Wasser machen?
Wenn man ein bisschen nachdenkt: ganz schön viele!
Ein tragbarer Kassettenrekorder mit Mikrofon, eine leere Kassette und auf geht's,
Wassergeräusche suchen:
Regen, Dusche, Toilettenspülung, Bach, Fluss, Meeresrauschen,
Wasserfall und was euch noch alles einfällt.
Die anderen müssen dann raten,
um welche Wasser-Klänge es sich handelt.
Wassergeräusche gibt es auch auf Platte oder Kassette.

Balancierender Delphin

Neben dem Spaß am Wassertier Delphin kann man an diesem Modell noch etwas anderes lernen: Ein Gegenstand ist weniger wackelig, wenn der Hauptteil des Gewichtes ziemlich weit unten liegt.

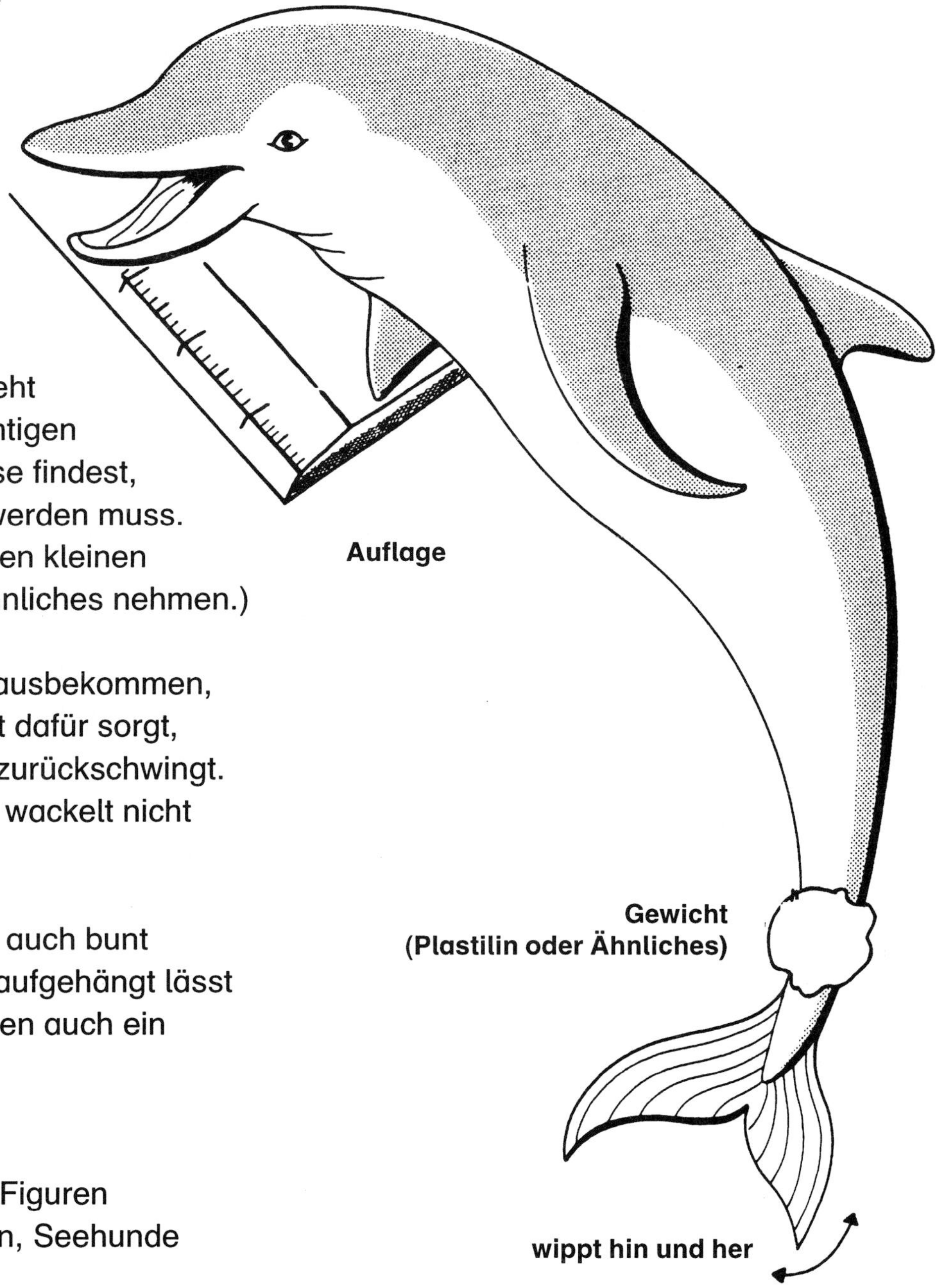

So geht es:

Die Figur wird ausgeschnitten und auf feste Pappe geklebt. Nun soll der Delphin auf einer Flosse balancieren. Das geht nur dann, wenn du den richtigen Punkt an der Schwanzflosse findest, wo das Gewicht befestigt werden muss. (Als Gewicht kannst du einen kleinen Nagel, Knetmasse oder Ähnliches nehmen.)

Beim Testen wird man herausbekommen, dass ein schweres Gewicht dafür sorgt, dass der Delphin vor- und zurückschwingt. Er bleibt aber aufrecht und wackelt nicht seitwärts.

Natürlich kann der Delphin auch bunt gemalt werden. An Fäden aufgehängt lässt sich aus mehreren Delphinen auch ein schönes Mobile basteln.

Weitere Ideen:

Wer Lust hat, kann eigene Figuren entwerfen (vielleicht Möwen, Seehunde oder ...?).

Die Sache mit dem tief liegenden Schwerpunkt kann auch auf Alltagsgegenstände übertragen werden. Wie müsste eine stabile Vase aussehen, ein kleines Aquarium, eine Getränkeflasche und so weiter, wenn sie nicht umkippen soll?

2. 

Kreuz-Wasser-Rätsel

Tragt die Namen der Gegenstände, die ihr auf den Bildern seht, in die Kästchen ein. Die Buchstaben in den Kästchen mit Kreis ergeben, wenn man sie von oben nach unten liest, ein Tier, das sich bei feuchtem Wetter besonders wohl fühlt.

 5.

1. 

3. 

 6.

 4.

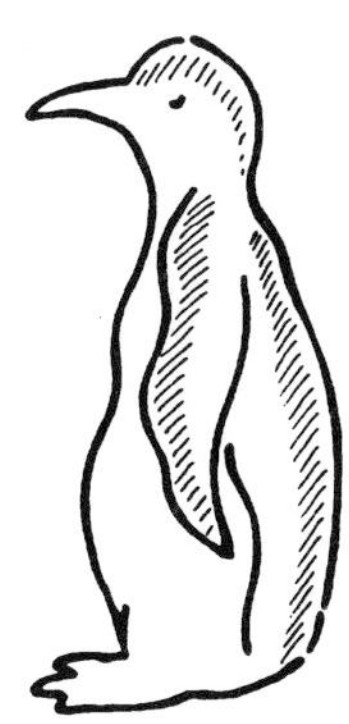 7.

 9.

 8.

1.
2.
3.
4.
5.
6.
7.
8.
9.

Tauch-Muster

Das brauchst du:

Lebensmittelfarben, Schüsseln, Zeitungspapier, gut saugendes Papier (Seidenpapier, Küchenpapier, zur Not Papiertaschentücher)

So geht es:

Den Arbeitsplatz mit Zeitungspapier auslegen. Am besten auch Gummihandschuhe anziehen – Lebensmittelfarbe färbt gut. Für jede Farbe brauchst du eine kleine Schüssel, die mit Wasser gefüllt wird. Gib die Lebensmittelfarbe hinzu. Falte das Papier, wie auf der Abbildung zu sehen, so, dass ein Dreieck herauskommt.

Tauche jetzt jede Ecke in eine andere Farbe. Falte das Papier auf und schon kannst du ein einzigartiges Tauch-Muster bestaunen.
Bevor du es mit nach Hause nimmst, muss es aber erst noch gut trocknen.

So geht es auch:

Du kannst tolle Effekte erzielen, wenn du das Papier länger in die Farbe tauchst. Dann kriecht die Farbe noch höher ins Papier. Aber aufgepasst, wenn das Papier zu nass wird, lässt es sich sehr schlecht öffnen. Es könnte zerreißen. Lass es lieber erst mal trocknen.

Natürlich kann man das Papier auch noch anders falten und dabei tolle Muster erzeugen. Hier sind noch ein paar Vorschläge:

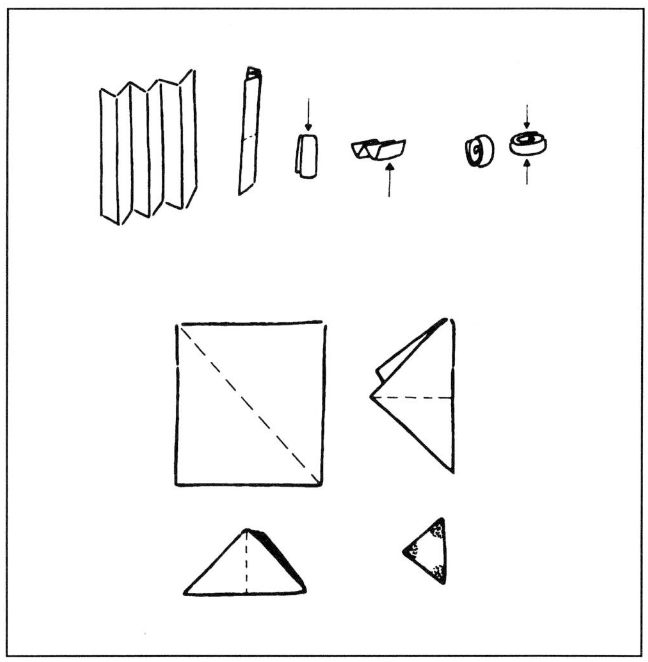

Versuche es doch mal mit eigenen Falt-Ideen.
Mit anderen Kindern kannst du auch ein Spiel daraus machen. Zeig ihnen die Tauch-Muster. Jetzt müssen die anderen versuchen, das Muster nachzumachen. Sie dürfen dabei aber nicht wissen, wie du dein Papier gefaltet hast.

Wir zeichnen Wassertiere

Ein kleiner Lehrgang

Seehund, Pinguin, Wal und Gans lassen sich ganz einfach aus den Grundelementen Kreis, Viereck und Dreieck zusammensetzen. Die Grundformen zeichnet ihr am besten mit Bleistift. Wahrscheinlich müsst ihr am Anfang noch ein bisschen üben, um aus den Grundelementen den Umriss der Tiere zu zeichnen.
Erst wenn die Umrisse des Tieres stehen, solltet ihr sie mit Tinte, Tusche oder Filzstift nachziehen. Danach könnt ihr die Tiere ausmalen.

Pinguin

Wal

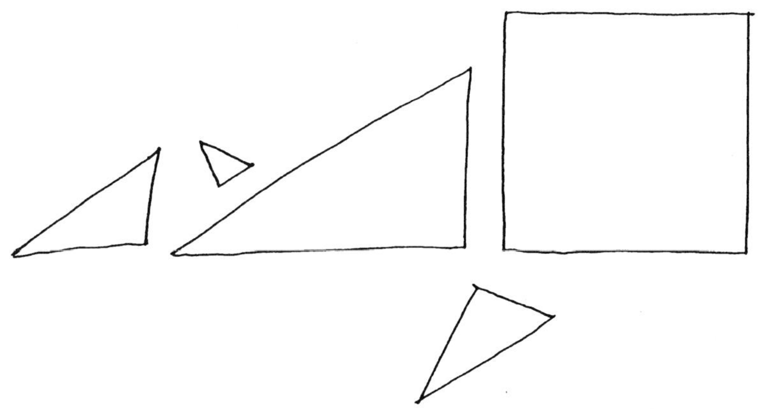

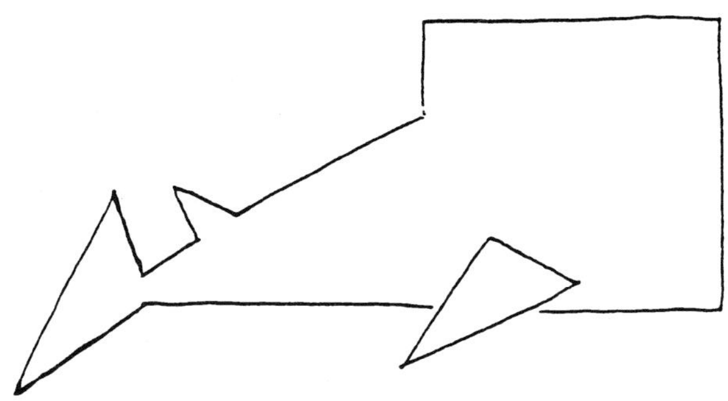

Wir zeichnen Wassertiere

Gans

Seehund

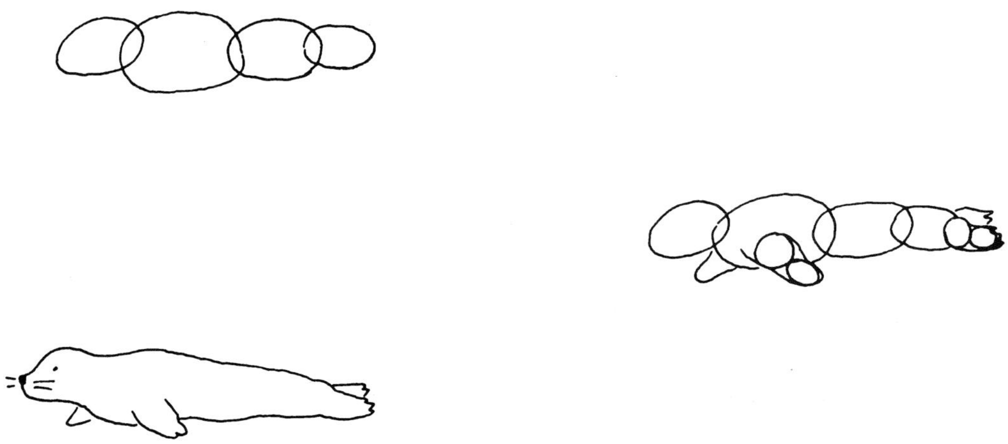

Zauberhaftes und wunderbares Wasser

In den **Wasser-Zaubereien** wie auch in den Versuchen zum **Wunderbaren Wasser** zeigen sich einige wichtige Eigenschaften des Phänomens Wasser, der Wasserphysik und -chemie. Sie eignen sich also auch, wenn man sie nicht „just for fun" als Spiele oder Versuche benutzen will, als Einstiege für eine vertiefende Erkundung des jeweiligen Phänomens in einem Kapitel dieser Mappe.

Zauberhaftes Wasser

Vulkan im Wasserglas

Materialien: Salzstreuer, Einmachglas, Tinte, Stövchen mit Teelicht, Badewannenstöpsel mit Kette
Einstieg in: Thematik „Flüssigkeiten dehnen sich beim Erwärmen aus", Kapitel „Der Wasserkreislauf"

Magische Postkarten

Materialien: Glas, Postkarte
Einstieg in: Thematik „Luftdruck/Wasserdruck", Kapitel: „Schwimmen und sinken"

Großes Bergauf-Wasser-Rennen

Materialien: verschiedene Papiersorten (von Wachspapier über Seidenpapier, Klopapier bis hin zu Pappe), ein Glas Wasser, ein Stift
Einstieg in: Thematik „Kapillarverhalten von Wasser", Kapitel „Regen und Niederschlag".

Wunderbares Wasser

Hier haben wir zu jedem Phänomen, das sich in den Versuchen zeigt, die Erklärung angefügt, weil eine Vertiefung in dieser Mappe nicht direkt erfolgt. Natürlich steht es Ihnen frei, sie wegzunehmen und von den Kindern erarbeiten zu lassen. Wenn sie die Versuche auf Karteikarten kleben, können sie die Lösung zur Selbstkontrolle auf die Rückseite kleben.

Der zerbrochene Löffel

Materialien: Löffel, Glas
Einstieg in: Thematik „Brechung"

Noch voller als voll?

Materialien: ein Wasserglas, eine Pipette, Lebensmittelfarben
Einstieg in: Thematik „Oberflächenspannung"

Vulkan im Wasserglas

Das brauchst du:
ein kleines Glasgefäß (Salzstreuer), ein großes Glas (Einmachglas), (rote) Tinte, Stövchen mit Teelicht, Verschluss für kleines Glasgefäß (Stöpsel)

So geht es:
Fülle das kleine Glas bis zum Rand mit rotem Tintenwasser. Stelle dieses kleine Glas vorsichtig in ein großes Einmachglas, das voller Wasser ist. Damit sich die Flüssigkeiten nicht gleich miteinander vermischen, solltest du einen Verschluss, zum Beispiel einen Stöpsel aus der Badewanne, auf das kleine Glas setzen. Ziehe den erst ab, wenn der Versuch beginnt. Das große Glas sollte auf einem Stövchen stehen und nun von unten mit dem Teelicht langsam erhitzt werden. Wenn sich die Tinte im Salzstreuer erwärmt hat, beginnt der „Vulkan“ sein Schauspiel.

Magische Postkarten

Das brauchst du:
ein Glas, eine Postkarte

So geht es:
Fülle das Glas randvoll mit Wasser. Lege eine Postkarte auf das Glas und drehe es vorsichtig um, wobei du die Postkarte noch festhalten musst.
Jetzt lasse die Postkarte los.

Vorsicht: Der Trick klappt meistens, aber gewellte, schon durchnässte Karten oder Fehler beim Umdrehen können leicht zu nassen Füßen führen.

Großes Bergauf-Wasser-Rennen

Welcher Streifen ist am durstigsten?

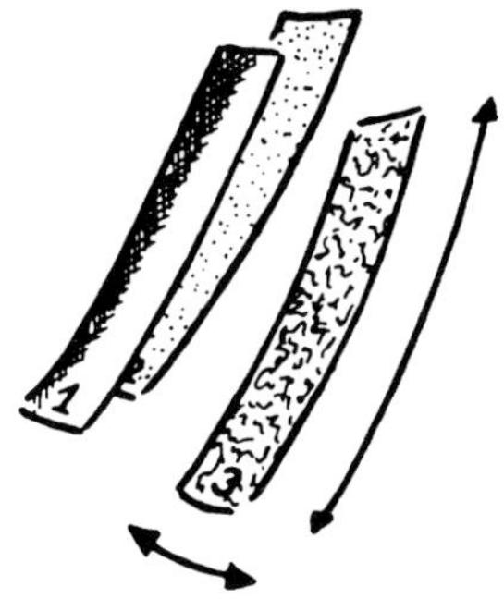

Wer hätte geglaubt, dass Papierschnipsel so viel Spaß und Spannung bringen können?

Das brauchst du:
verschiedene Papiersorten (so viele ihr zusammenbekommt: Briefpapier, Pappe, Klopapier, Taschentücher, Geschenkpapier, Butterbrotpapier, ...), ein Glas Wasser, einen Stift.

So geht es:
Schneidet aus jedem Papier einen „Rennstreifen“ von ca. 15 cm Länge und 3 cm Breite. Die Streifen stellt ihr in das Glas. Damit sie festen Stand haben, solltet ihr das obere Ende etwas abknicken, wie es auf der Zeichnung zu sehen ist.
Markiert nun mit einem Stift die Start- und Ziellinie außen am Glas.
Jetzt müsst ihr erst einmal wetten: Welcher Papier-Rennstreifen wird gewinnen? Bei welchem ist das Wasser als Erster von der Start- bis zur Ziellinie gekrochen?

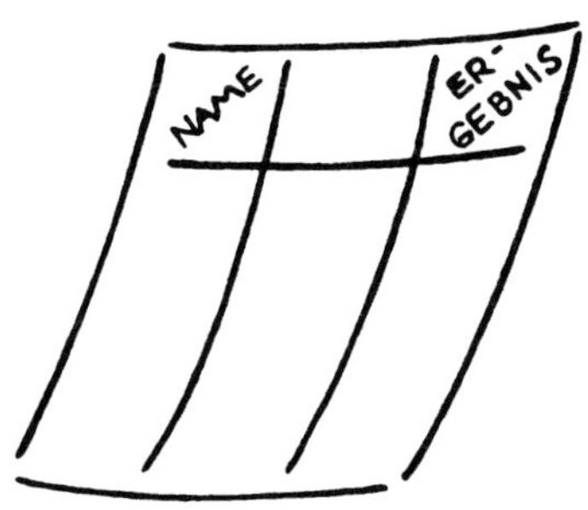

Um es spannender zu machen, könnt ihr euren Streifen Namen und Startnummern geben.
Gießt nun Wasser bis zur Höhe der Startlinie ins Glas und das Rennen beginnt.
Wo wird das Wasser zuerst die Ziellinie erreichen?
Sicher werdet ihr nach ein paar Rennen feststellen, dass einige Renn-Streifen wahre Schnell-Starter sind. Andere kommen gar nicht erst aus den Startlöchern. Schaut euch diese „Läufer“ mal genauer an, am besten mit einer Lupe. Woran könnte es liegen?

Wunderbares Wasser

Der zerbrochene Löffel

Fülle Wasser in ein glattes, durchsichtiges Glas. Stelle einen Löffel hinein. Schaue dir das Ganze von allen Seiten an.
Versuche, Erklärungen für das zu finden, was du siehst.
Falls du dabei nicht weiterkommst, lies die Erklärung auf der Rückseite.

Erklärung:
Wenn du einen Löffel in ein Glas Wasser stellst, dann sieht es so aus, als sei er durchgebrochen, genau an der Stelle, wo er ins Wasser eintaucht.
Das hat folgenden Grund: Die Lichtstrahlen, die gegen den Löffel prallen und von da in unsere Augen treffen, bewirken, dass wir den Löffel sehen können. Solange die Lichtstrahlen durch die Luft gegen den Löffel und von da wieder durch die Luft bis zu unserem Augen kommen, ist alles in Ordnung. Wenn die Strahlen aber durch das Wasser müssen, dann werden sie langsamer und sie verändern ihre Richtung ein bisschen. Sie kommen also auch ein bisschen zur Seite gerückt bei uns im Auge an. Deshalb sehen wir den Teil des Löffels, der im Wasser steht, so, als ob er geknickt weitergehen würde.
Das nennt man **Brechung**.

Der untere Teil, der im Wasser steht, wirkt aber auch größer als der obere Teil. Das liegt daran, dass das Glas rund ist. Es wirkt deshalb ein bisschen wie eine Lupe, ein Vergrößerungsglas.

Noch voller als voll?

Inga füllt ein Glas mit Wasser bis zum Rand. Sie sagt zu Lucas: „Wetten, dass da noch mehr reinpasst?" Lucas schaut zweifelnd: „Wette dagegen", sagt er. „Um ein Eis!"
Wer gewinnt?
Das kannst du leicht selber ausprobieren.

Das brauchst du:

ein Weinglas, Papiertücher, ein Ansaugröhrchen (Pipette) Wasser, Lebensmittelfarbe.

So geht es:

Setze das Glas auf ein Papiertuch und fülle es vorsichtig mit Wasser bis zum Rand. Es darf kein Tropfen überlaufen. Füge vorher dem Wasser ein paar Tropfen Lebensmittelfarbe zu, damit du es besser beobachten kannst.
Wenn du glaubst, dass das Glas wirklich voll ist, dann nimm die Pipette und tropfe vorsichtig Wasser in das volle Glas. Wie viele Tropfen wird es wohl brauchen, bis das Wasser überläuft? (Schließt vorher eine Wette ab. Wer am besten rät, hat gewonnen!)
Die Erklärung für diesen ungewöhnlichen „Trick" findest du auf der Rückseite der Karte.

✂- -

Erklärung

Hast du bemerkt, dass die Oberfläche sich wie ein aufgeblasener Luftballon nach oben gewölbt hat? Es sieht so aus, als ob das Wasser eine Haut hätte, die die Tropfen im Glas hält, obwohl sie eigentlich rausfließen müssten.
Das kannst du noch besser sehen, wenn du ganz, ganz vorsichtig eine Büroklammer auf die gewölbte Wasseroberfläche legst. (Am besten langsam vom Löschpapier runterrutschen lassen). Die Klammer bleibt liegen, obwohl sie normalerweise nach unten sinken müsste, weil sie für das Wasser zu schwer ist.
Die kleinsten Teilchen des Wassers haften ganz fest aneinander. Man nennt sie Moleküle. Sie sind kleiner als der kleinste Wassertropfen. Wenn sie aneinander kleben, können sie leichte Gegenstände, die vorsichtig aufgelegt werden, tragen.
Diese Erscheinung nennt man **Oberflächenspannung**.
Diese Oberflächenspannung nutzen auch kleine Insekten, die man **Wasserläufer** nennt. Sie flitzen so vorsichtig über das Wasser, dass sie nicht einsinken.
Die Verbindung zwischen den Wasserteilchen kann man ganz einfach lösen. Wenn man auch nur eine Spur Seife oder Spülmittel ins Wasser gibt, sinkt jede schwimmende Büroklammer sofort nach unten.

Sinnliches Wasser

Es ist uns wichtig, dass ein Einstieg in das Thema „Wasser" immer über eine sinnliche Annäherung versucht wird. Wasser ist zuvorderst, so wie wir es wahrnehmen, ein durchweg sinnliches Element. Alle weiteren Phänomene lassen sich leichter erschließen, wenn die Annäherung sinnlich, spielerisch, auf der Ebene der Kinder erfolgt.
Wir geben hier Anregungen, wie man die Sinne schärfen lernt für das, was Wasser bedeutet und wie es sich uns zeigt. Sicherlich gibt es noch viele weitere Ideen dazu – wir wollen unsere Anregungen vorweg auch nur als solche verstanden sehen: Sie können natürlich jederzeit abgeändert und ergänzt werden.
Wir haben die Wahl der Methoden bewusst abwechslungsreich gehalten: Ob Sie die Sensibilisierung nun über Geschichten (Wasser hören), kleine Versuche (Wasser riechen und schmecken) oder Beobachtungen initiieren, das wollen wir ganz alleine Ihnen überlassen.

Wasser fühlen

Benötigte Utensilien

Tropfen gießen, spritzen – ist Wasser weich?

verschiedene Siebe, Kanne, Gießkanne mit und ohne Aufsatz, leere Plastikflasche (Spülmittelflasche), Trichter

Handschuhe machen warm – halten sie auch trocken?

verschiedene Handschuhsorten: aus Plastik, Leder, Wolle, Baumwolle, Nylon, ..., eine Plastikschüssel voll Wasser

Wasserpresser gesucht

höchstens handgroße Gegenstände: Plastikschwamm, Holzstücke, Legostein, Ton, Tuch, Badeschwamm, Papier

Das beste Paddel

eine große Schüssel voll Wasser, verschiedene Küchengeräte: Schaumlöffel, Esslöffel, Pfannenwender, Teigschaber, ...

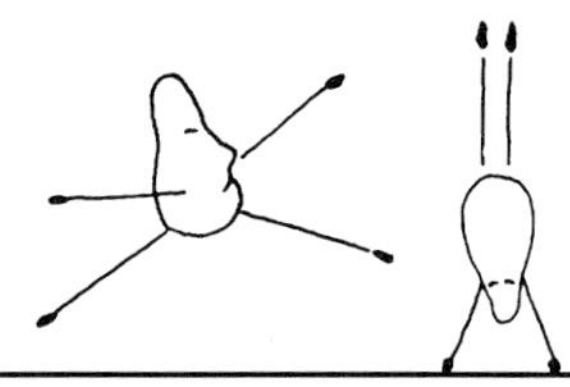

Wortliste

fühlen	
heiß	Wärmflasche
kalt	Tropfen
warm	Handschuhe
lauwarm	Wolle
drücken	Leder
quetschen	Plastik
rieseln	Nylon
regnen	Küchenschwamm
schütten	Ton
spritzen	Tuch
plätschern	Badeschwamm
herunterregnen	Paddel
durchlassen	Ruderboote
aufsaugen	Schaumlöffel
auswringen	Esslöffel
herauspressen	Pfannenwender
Schüssel	Teigschaber
Plastikbeutel	„Bindfäden regnen"

Handschuhe machen warm – halten sie auch trocken?

Ihr braucht viele verschiedene Handschuhe. Am besten Handschuhe aus Wolle, aus Leder, aus Plastik, aus Nylon. Zieht die Handschuhe an und fasst damit ins Wasser. Was fühlt ihr?
Welche Handschuhe lassen das Wasser durch? Welche saugen am meisten Wasser auf? Das könnt ihr feststellen, wenn ihr die Handschuhe auswringt.
Jetzt fasst noch einmal mit der nackten Hand ins Wasser. Merkt ihr den Unterschied?

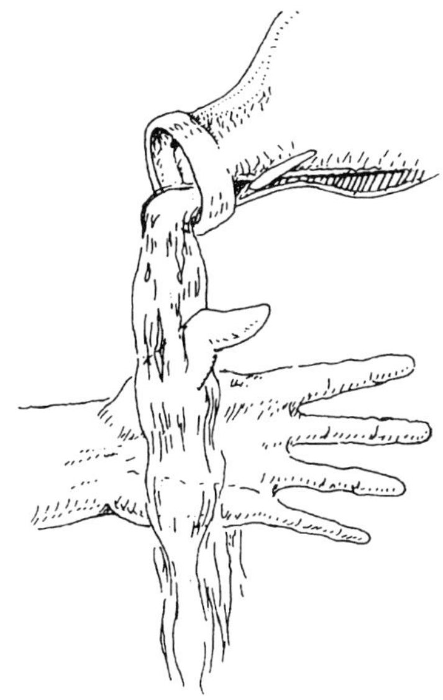

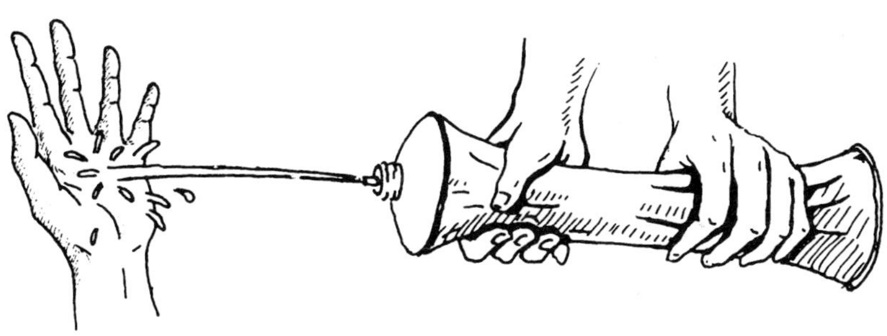

Tropfen, gießen, spritzen – ist Wasser weich?

Wie ist das, wenn es nieselt, also ganz feine Tropfen regnet? Und wie, wenn es so richtig „Bindfäden regnet“, also vom Himmel schüttet?
Könnt ihr es schaffen, mit verschiedenen Gegenständen Wassertropfen, nieseln, schütten, spritzen, plätschern zu lassen?
Haltet eure Hände darunter! Wie fühlt es sich an?
Probiert es aus, das Wasser von ganz hoch herunterregnen zu lassen. Fühlt es sich anders an?

Wasserpresser gesucht!

Legt folgende Gegenstande ins Wasser: einen Küchenschwamm, ein Stück Holz, einen Legostein, ein Stück Ton, ein Tuch, einen Badeschwamm, ein Papierknäuel. Aus welchen dieser Gegenstände könnt ihr das Wasser wieder herauspressen?

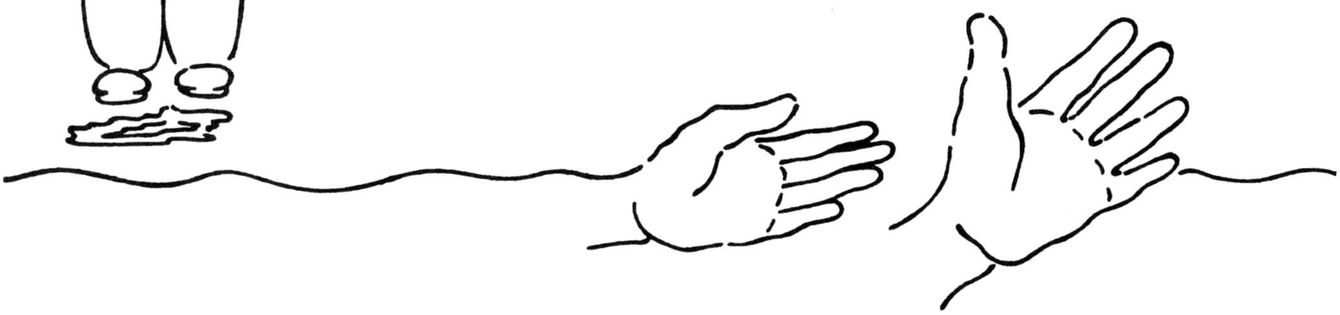

Das beste Paddel

Sicher wisst ihr, dass Ruderboote ein Paddel brauchen, um im Wasser gesteuert und fortbewegt zu werden. Wie sieht so ein Paddel eigentlich aus? Überlegt euch, was ein gutes Paddel ausmacht.
Probiert doch mal mit verschiedenen Gegenständen, ob sie als Paddel brauchbar wären. Nehmt eure Hand und bewegt sie durch eine große Schüssel voller Wasser. Jetzt spreizt eure Finger und wiederholt das Ganze. Was ist anders? Ist eure Hand ein gutes Paddel?
Versucht es auch einmal mit verschiedenen Küchengeräten: einem Schaumlöffel (der hat in der Kelle viele Löcher), einem Esslöffel, einem Pfannenwender, einem Teigschaber. Was wäre noch ein gutes Paddel?

Wasser hören

Didaktische Hinweise

Wasser hören

Die Geschichte kann in der Klasse vorgelesen werden. Sie eignet sich als Gesprächseinstieg, aber auch als Anregung für eigene Erkundungen: Welche Wassergeräusche gibt es noch? Welche Musik kann ich mit Wasser machen? Da wäre es gut, wenn Teller, Töpfe, Dosen, Gläser mit Deckeln vorhanden wären, damit die Kinder frei herumexperimentieren können.

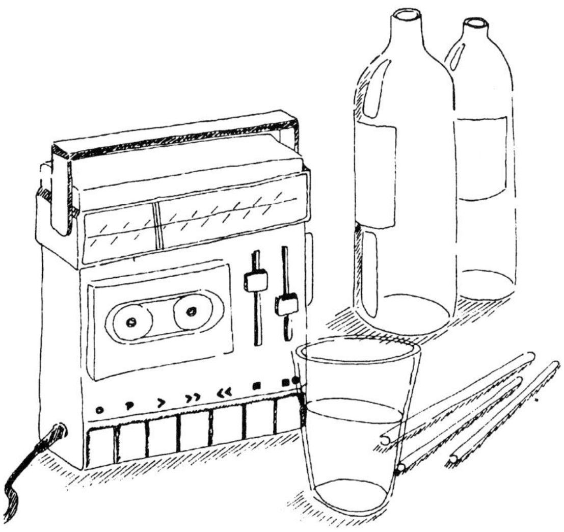

Ein paar Versuche

Die „paar Versuche" sind nur Ideen, welche Art von Musik man mit Wasser machen kann. Die Kinder werden, wenn man sie ermutigt, sicher schnell weitere finden.

Die Flaschenorgel

Die acht gleich großen und geformten Flaschen sollten Sie mitbringen. Wenn die Flaschen in der richtigen Reihenfolge angeordnet sind, können sie nummeriert und mit einem Strich auf der Höhe des Wasserstandes versehen werden. Damit ist die Flaschenorgel jederzeit einsatzbereit. Ideal ist es, wenn eins der Kinder in der Lage ist, die Flaschenorgel zu stimmen.

Benötigte Utensilien

Tonbandgerät
Flaschen
Stab oder Gabel
Plastik- oder Metallröhrchen
Gläser
Kokosnuss

Wortliste

zuhören
auslaufen
ablaufen
klingen
fallen
prasseln
auftreffen
hineinrutschen
platschen
schlagen
schreien
gurgeln
gluckern
plätschern
rauschen
füllen
blasen

pusten
eintauchen
anschlagen
bohren
wieder hören
Badezimmer
Wanne
Stöpsel
Geräusch
Rohr
Fliesen
Dusche
Plastikvorhang
Regentropfen
Blech
Schwimmen

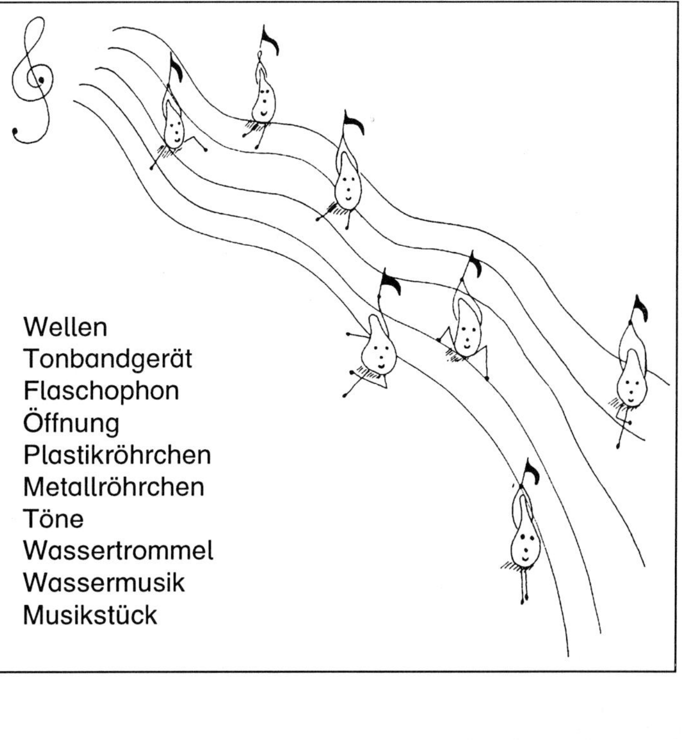

Wellen
Tonbandgerät
Flaschophon
Öffnung
Plastikröhrchen
Metallröhrchen
Töne
Wassertrommel
Wassermusik
Musikstück

Wasser hören

Wassermusik

Inga ließ etwas Wasser in die Wanne, machte die Tür zu und sagte zu Lucas: „Du musst gut zuhören.“ Sie zog den Stöpsel raus und beide warteten. Dann kam, was Inga Lucas zeigen wollte. Ganz am Schluss, als schon fast alles Wasser rausgelaufen war, gab es ein so komisches Geräusch, dass beide lachen mussten. Es kam von unterhalb der Wanne, aus dem Rohr, durch das das Wasser abläuft.
Sie probierten es gleich noch einmal. Aber diesmal hielten sie das Ohr an die Fliesen, mit denen die Wanne verkleidet war.
Dann probierten sie es auf die Weise, dass sie laufend Wasser aus der Dusche laufen ließen. Aber das Geräusch stellte sich nicht ein. Dafür hatten beide etwas anderes entdeckt: Das Wasser aus der Dusche klang ganz anders, wenn es auf den Plastikvorhang fiel, als in die Wanne. Das hörte sich an wie Regentropfen, die an das Fenster prasseln. Inga holte nun ein großes Stück Blech und sie probierten aus, wie es sich anhört, wenn das Wasser darauf trifft. Sie selber waren nun schon ziemlich nass und das Bad „war am Schwimmen“, wie ihre Mutter immer sagte, wenn sie gebadet hatten. Denn beide ließen sich so gerne in die Wanne reinrutschen. Das gab Wellen und die platschten über den Rand der Badewanne. Als Inga daran denken musste, fiel ihr ein, dass sie auch schon den Kopf unter Wasser gehalten hatte und ihr dabei die Geräusche in der Wanne viel lauter erschienen. Sie ließen nun die Wanne voll Wasser, holten tief Luft und steckten beide den Kopf ins Wasser. Lucas schlug mit einem Löffel gegen die Wanne. Nach einiger Zeit waren sie ziemlich erschöpft. „Ob man unter Wasser auch schreien kann?“ fragte Inga. „Ich weiß nicht, ob man dabei nicht ertrinkt“, sagte Lucas. Einer müsste schreien und der andere mit dem Kopf im Wasser hören, ob man den Schrei hören kann. Aber für heute trauten sich beide nicht.

Ein paar Versuche

Wasser macht alle möglichen Geräusche: gurgeln, gluckern, plätschern, rauschen und und und. Könnt ihr die Geräusche mit dem Mund nachahmen?
Besorge dir ein Plastik- oder Metallröhrchen, tauche es in ein Glas Wasser und blase über die obere Kante. Durch unterschiedlich tiefes Eintauchen entstehen unterschiedliche Töne. Ob es auch klappt wenn du das Röhrchen statt in Wasser in Sand steckst?
Ganz einfach ist auch, eine Wassertrommel zu bauen. Eine halbe Kokosnuss wird in eine mit Wasser gefüllte Schüssel getaucht und mit einem Holzstab angeschlagen. (Oben in die Kokosnuss ein Loch bohren, damit die Luft raus kann).

Du kannst dir auch eine „Wassermusik“ anhören. So heißt ein Musikstück von Georg Friedrich Händel. Du wirst darin manche Geräusche wiederhören, die Wasser so machen kann.

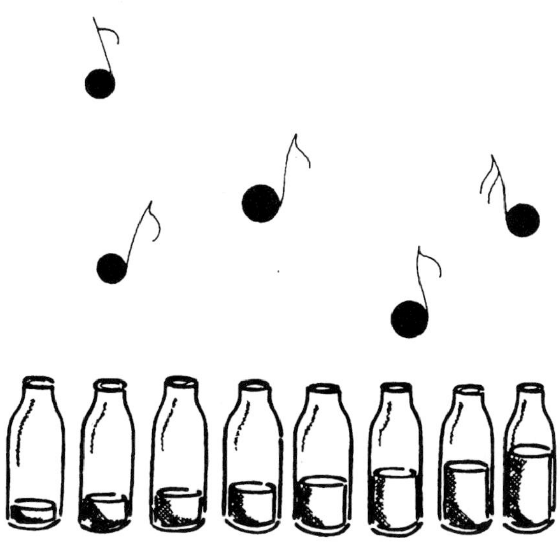

Die Flaschenorgel

(Flaschophon)

Das brauchst du:

acht Flaschen der gleichen Form und Größe

So geht es:

Fülle die acht Flaschen unterschiedlich hoch mit Wasser. Stelle sie der Reihe nach nebeneinander (siehe Bild). Schlage mit dem Löffel dagegen.
Blase leicht über die Öffnung hinweg.
Höre ganz genau hin.
Wer schafft es, ein kleines Lied zu spielen?

Wasser beobachten

Auch hier nun einige Anregungen, Wasser, sein Aussehen, einmal bewusster wahrzunehmen. **Tropfen machen** ist eigentlich nur eine Vorübung für **Welche Form hat ein Tropfen?**

Tropfen machen – Welche Form hat ein Tropfen?

Benötigte Utensilien

Trinkhalm, Bleistiftspitze, Spritze, Pipette, Glasscheibe oder Spiegel, Apfelsinennetz, Seide, Samt, Baumwolle, harte Pappe, Löschpapier, Butterbrotpapier, lackiertes Holz, Zeitschrift

Wortliste

	Sonnenlicht
Gefäß	Eiswürfel
Trinkhalm	Schatten
Spritze	Lebensmittelfarbe
Pipette	Versuch
Glasscheibe	
Spiegel	wegschmelzen
Oberfläche	zerbrochen
Netz	zugeben
Seide	verändern
Samt	zusammenlaufen
Baumwolle	schnell
Löschpapier	langsam
Butterbrotpapier	gefroren

Wasser riechen und schmecken

Die Aktivitäten dieses Kapitels bedürfen einer sorgfältigen Begleitung durch die Lehrerin – es gibt genügend Flüssigkeiten, die beim Einatmen gefährlich sein können. Viele Haushaltschemikalien enthalten schädliche Stoffe. Unbekannte Stoffe sollten also nicht ohne Zustimmung der Lehrer oder Eltern „berochen" werden.

Stellen Sie daher für die Kinder eine Sammlung von Flüssigkeiten zusammen, die gefahrlos eingeatmet werden können, z.B. klares Wasser, Parfüm, Rasierwasser, Speiseöl, Essig, künstliche Aromen (z.B. Bittermandel-, Vanille-, Rumaroma), Zitronensaft, Pfefferminztee, Kamillenlösung, ...). Es ist wichtig, darauf hinzuweisen, dass alle diese Gerüche mit Wasser in Zusammenhang stehen.

Auch bei den Geschmackstests sollte die Auswahl der mit Wasser zu mischenden Getränke von der Lehrerin zumindest kontrolliert werden. Jedes Kind sollte seinen eigenen Löffel oder Trinkhalm benutzen.

Für den Wasser-Vergleichstest zwischen Leitungswasser, abgekochtem Wasser, destilliertem Wasser und Sprudelwasser sollten Sie die Wasserproben vorbereitet in die Klasse bringen. Lassen Sie die Kinder raten, welche der vier Wassersorten sie gerade probiert haben.

Bei destilliertem Wasser ist auch Vorsicht geboten. Eine kleine Menge kann man bedenkenlos probieren – größere Mengen sind aber schädlich! Für den Geschmackstest mit Kräutertee oder Malzkaffee sollten Sie sicherheitshalber das Aufkochen des Wassers und das Übergießen der Teeblätter und des Kaffeepulvers übernehmen. Dabei kann den Kindern gleich die richtige Aufbereitung speziell von Tee vermittelt werden.

Wortliste

gefährlich	Vanille	Parfüm
abgekocht	Aroma	Rasierwasser
destilliert	Kamille	Zitronensaft
probieren	Lösung	Gesundheit
mischen	Geruch	Zweifelsfall
aufbrühen	Speiseöl	Sprudelwasser
abkühlen	Essig	Geschmackstest

Wasser beobachten

Regentropfenrennen

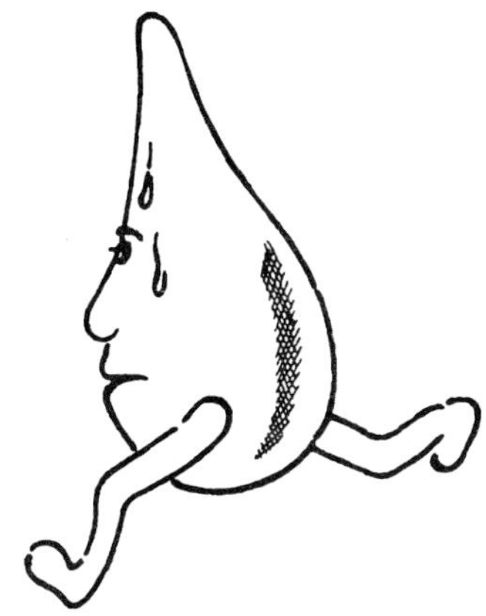

Schaut euch die Regentropfen an, die ans Fenster prasseln.
Wie sehen sie aus? Wie bewegen sie sich?
Beobachtet, wie die Tropfen zusammenlaufen. Welchen Weg nehmen sie?
Gibt es schnelle und langsame?
Wer gewinnt beim Regentropfenrennen?

Tropfen machen

Was der Regen kann, das schaffen wir doch schon lange – oder?
Versucht einmal, aus einem Gefäß voll Wasser einen Tropfen herauszuholen.
Nehmt dazu: einen Finger, einen Trinkhalm, eine Bleistiftspitze, eine Spritze, eine Pipette (ein Saugröhrchen). Befördert den Tropfen damit auf eine Glasscheibe oder einen Spiegel.
Welche Methode ist die beste?

Welche Form hat ein Tropfen?

Welche Form haben Tropfen? Wie sieht die Oberfläche aus? Was kann man unter ihnen erkennen?
Setzt Tropfen auf verschiedenen Oberflächen. Nehmt ein Netz (Apfelsinennetz), Seide, Samt, Baumwolle, harte Pappe, Löschpapier, Butterbrotpapier, lackiertes Holz. Unterscheiden sich die Tropfen? Wie verändern sie sich nach einer Weile?
Setzt einen Tropfen auf eine bedruckte Seite aus einer Zeitung. Was passiert mit dem Wort unter dem Tropfen?
Was passiert, wenn Sonnenlicht auf Wassertropfen fällt?

Wasser riechen und schmecken

Wasser riechen

Die meisten Flüssigkeiten bestehen fast nur aus Wasser. (Der Chemiker spricht von wässrigen Lösungen). Man kann sie aber von Wasser unter anderem durch das Aussehen und den Geruch unterscheiden. Natürlich schmecken sie auch anders.
Vergleicht das Aussehen und den Geruch von:
Leitungswasser, Speiseöl, Essig, verschiedenen Parfüms, Rasierwasser, Zitronensaft, Vanillearoma, Rumaroma, Bier, Kamillelösung.
Beschreibt die Unterschiede. Macht eine Liste und tragt die Ergebnisse ein.
Die Liste könnte so aussehen:

Flüssigkeit	riecht	wie?
Wasser	nicht	–
Speiseöl	schwach	tranig
Essig	stark	beißt

Vorsicht! Riecht nie an Flüssigkeiten, die ihr nicht kennt. Sie können für eure Gesundheit gefährlich sein. Fragt im Zweifelsfall immer eure Lehrerin oder eure Eltern!!

Wasser schmecken

Wir kommen im Alltag mit vielen Sorten Wasser zusammen. Probiert nacheinander Leitungswasser, abgekochtes Wasser, destilliertes Wasser, Sprudelwasser. Beschreibt die Unterschiede.

Mischt kaltes Wasser mit Salz. Probiert davon vorsichtig ein bisschen. Mischt anderes Wasser mit Zucker. Vergleicht die beiden Geschmackstests.

Wie schmeckt Wasser, wenn ihr einen halben Teelöffel Zucker zu einer Tasse hinzufügt, einen Esslöffel hinzufügt, zwei Teelöffel hinzufügt? Bittet eure Lehrerin, Wasser aufzukochen und Tee und Kaffee aufzubrühen. Wenn die Getränke ausreichend abgekühlt sind, könnt ihr einen Schluck probieren.

Kann man Farben schmecken? Ihr braucht drei Tassen Wasser und Lebensmittelfarbe. Tropft nun die gelbe, rote und blaue Farbe in die Tassen. Schmeckt ihr einen Unterschied? Wonach schmecken die farbigen Wasserproben?

Wasser in Behältern

Wasser messen

Um Wasser sammeln und messen zu können, sollten verschiedene Behälter in der Klasse für die Kinder frei zugänglich aufbewahrt werden. Viele Erfahrungen und Erkenntnisse werden die Kinder im freien Experiment machen können – bestimmte Erkenntnisse bedürfen allerdings einer genauen Anleitung und Anregung, speziell da, wo es um das Messen von Flüssigkeiten geht.

Wasserdichte Behälter

Hier sollte ein Fundus an Material bereitstehen: Alufolie, Plastikfolie, Kunststoffbeutel, Plastilin oder Knetgummi, wasserfestes Klebeband, Kleber, Scheren, Pappkartons, Papier. Die Kinder können in Gruppen von drei oder vier zusammenarbeiten. Wenn die Kinder noch nie einen Plan gezeichnet haben, sollten die Grundlagen einer genauen Plan-Erstellung vorher besprochen werden.

Welchem Zweck dient das Gefäß? Welche Materialien benötigt man? Wie kann man all dies in einem Plan zusammenbringen, sodass auch andere diesen Plan verstehen können?
Die Lehrerin sollte die Kinder bei der Planung und beim Konstruieren möglichst gewähren lassen – eventuell begangene Fehler haben gerade hier einen hohen Lerneffekt, sie führen zu vielleicht unkonventionellen Weiterentwicklungen.

Flaschen und Krüge

Hier können die Kinder – sicher begrenzt – auch Gefäße von zu Hause mitbringen. Wichtig ist, dass von allen Flaschen die Etiketten entfernt wurden, um auf den ehemaligen Inhalt nur aus der Form rückschließen zu können.
Die Flaschen sollten hinterher, sofern sie nicht mehr anders zu nutzen sind, zusammen zum Glascontainer gebracht werden. Hier bietet sich auch eine kurze Information über Pfandflaschen, Recycling-Glas und die richtige „Entsorgung" an.

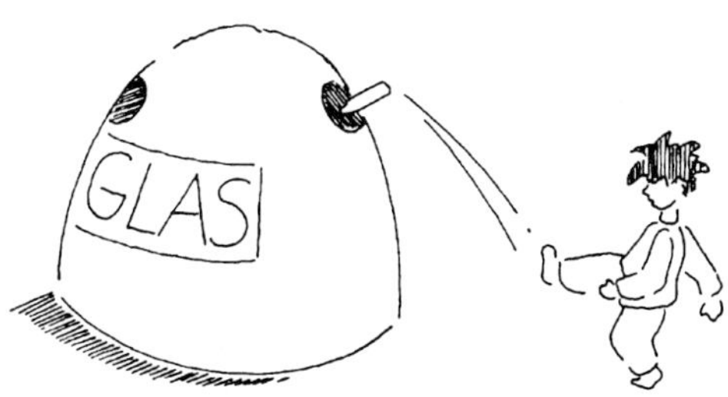

Regenwasser sammeln

Hierzu braucht man vor allem Glück, dass es gerade stark regnet. Für diesen Fall sollten verschiedene Gläser, Becher, Schalen, Vasen, Eimer, Teller etc. in der Klasse oder in erreichbarer Nähe stehen. Es ist natürlich darauf zu achten, dass nur Kinder die Gefäße im Freien aufstellen, die auch Regenkleidung tragen.

Regen messen

Um vergleichbare Werte zu bekommen (z.B. mm Niederschlag pro qcm), sollten nur viereckige Gefäße mit geraden, glatten Außenwänden aufgestellt werden. Die Kinder können raten, warum schräge, nach innen oder außen geneigte Wände das Ergebnis verfälschen würden.

Wasser messen

Dazu bedarf es einer stärkeren Anleitung seitens der Lehrerin. Wir wollen hier einige Materialien nennen, die sich zum Messen von Flüssigkeiten im Besonderen eignen und kleinere Versuche anregen.

Messen von Wassermengen

Messbecher und -löffel
Spritzen
Lineal
Eimer mit Messangabe innen
Flaschen verschiedener Größe und Form, mit unterschiedlichem Volumen
Gefäße mit verschiedenen Formen, aber gleichem Volumen

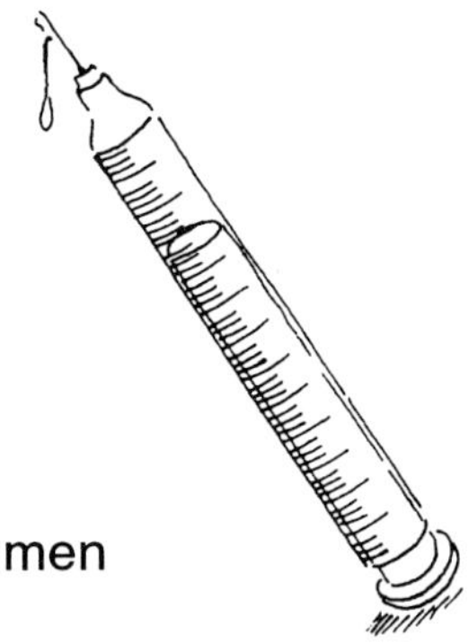

Messen der Temperatur

Unverzichtbar sind Thermometer. Gut wäre auch der Zugang zu einem Waschbecken mit warmem und kaltem Wasser, ein Gefrierfach, um Eiswürfel herzustellen und ein kleiner Herd, um Wasser aufzukochen. Dann könnte man messen, bei welcher Temperatur Wasser gefriert, bei welcher Temperatur es kocht. Man könnte die Temperatur von Eiswürfeln mit der einer Kältemischung (Eis + 1 Esslöffel Kochsalz) vergleichen.

Wortliste

messen
voll
leer
halb
viertel
drei viertel
überfließen
mehr
weniger
groß
klein
gleich
am meisten
am wenigsten
ansteigen
fallen
(un)regelmäßig
schwer
leicht
transportieren
wasserdicht
herauslaufen
heiß
kalt
lauwarm

Teil
Menge
Behälter
Leck
Messbecher
Maß
Trichter
Wasserstand
Gefrierpunkt
Siedepunkt
Temperatur

erhitzen
abkühlen
kochen
gefrieren

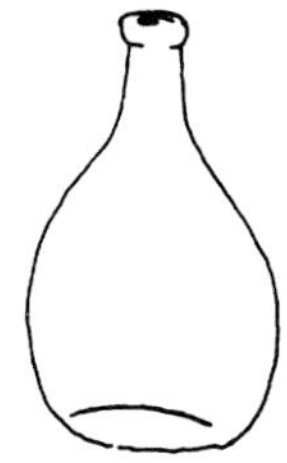

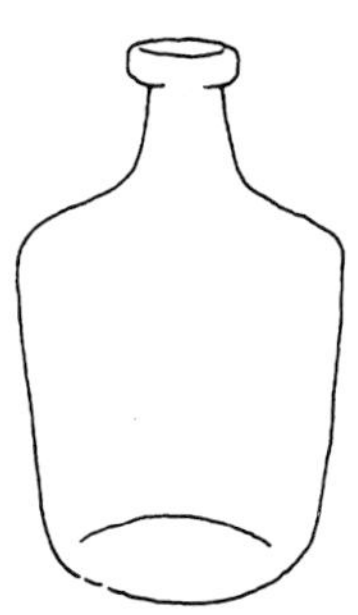

Wasserdichte Behälter

Kannst du einen wasserdichten Behälter bauen? Du musst darin Wasser transportieren können, ohne dass es heraustropft oder -läuft. Überlege vorher genau: Wozu willst du den Behälter gebrauchen? Welche Sachen nimmst du, um ihn zu bauen? Wie viel Wasser soll reinpassen?
Mache dir erstmal einen Plan, dann suche dir die Sachen zusammen. Wenn der Behälter fertig ist, machst du einen „Probelauf“.
Wenn es nicht klappt, überlege dir, was du besser machen könntest.

Flaschen und Krüge

Sammelt verschiedene leere Flaschen und Krüge. Wodurch unterscheiden sie sich? Was war in diesen Flaschen? Saft, Alkohol, Tinte, Parfüm, Medizin? Welche Flasche fasst am meisten Flüssigkeit, welche am wenigsten? Ratet zuerst und messt dann genau nach. Dazu braucht ihr einen Messbecher. Wie viel Wasser geht in jede Flasche?
Füllt das Wasser aus der Flasche, die am meisten fasst, in die zweitgrößte Flasche. Wie viel bleibt übrig?
Von der füllt ihr das Wasser dann in die drittgrößte und so weiter.

Versucht, eine Flasche unter dem laufenden Wasserhahn zu füllen.
Jetzt nehmt einen Trichter zu Hilfe.
Was geht schneller?

Nehmt etwas Plastilin oder Knetgummi. Dichtet den Trichter rundum damit ab, sodass keine Luft mehr seitwärts am Trichter in die Flasche kommen kann.
Was passiert? Könnt ihr euch das erklären?

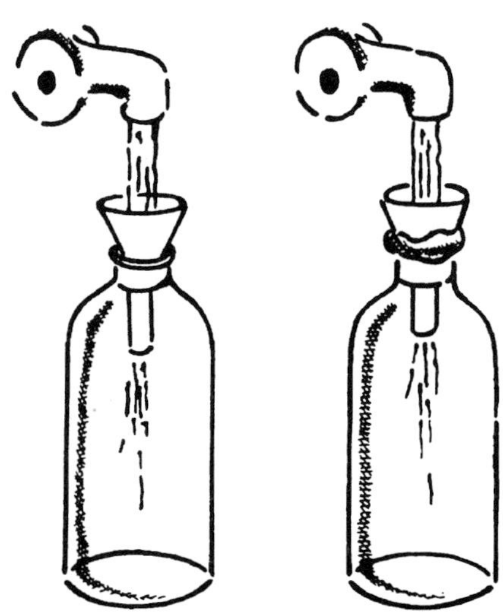

Regenwasser sammeln

Dieses Experiment könnt ihr nur machen, wenn es richtig regnet. Sucht euch eine Reihe von verschiedenen Behältern. Das können Flaschen, Gläser, Flaschen mit Trichter, Schalen, Teller, Vasen, Eimer sein. Welcher ist am besten geeignet zum Regenwassersammeln? Stellt alle nebeneinander in den Regen. Vergleicht den Regenwasserstand nach einer Weile.

Regen messen

Um Regen messen zu können, nehmt ihr am besten ein paar Behälter, die alle die gleiche Form und Größe haben. Sie sollten am besten viereckig sein, mit glatten Seiten. Stellt sie in den Regen und messt nachher, wie hoch das Wasser in ihnen steht. Stellt diese Messbehälter an verschiedenen Plätzen auf: unter Bäumen, auf freier Fläche, neben einer Wand, hinter einer Mauer, unter einem Abfluss. Vergleicht nachher die Höhe des Wassers in den Behältern. Womit könnt ihr die Höhe des Wassers am besten messen? Überlegt euch verschiedene Möglichkeiten.

Wasser messen

Welche Möglichkeiten kennt ihr, um Wasser zu messen? Was kann man denn alles am und mit Wasser messen?

1. Wassermenge

Versucht, mit den Behältern, die in der Klasse sind, die Menge des Wassers zu bestimmen, die in eine Flasche passt. Vergleicht, wie es aussieht, wenn die gleiche Menge Wasser in verschieden geformten Flaschen ist.

2. Wassertemperatur

Ihr braucht drei Schüsseln. Füllt eine mit kaltem Leitungswasser, eine mit lauwarmem Wasser, eine mit heißem Wasser. Fühlt die Temperatur mit der Haut, mit der Zunge, mit der Hand, den Fingern, dem Ellbogen. Fühlt kaltes Leitungswasser mit der Hand, dann ganz warmes. Wie hoch schätzt ihr die Temperatur? Messt mit einem Thermometer nach, ob ihr richtig geschätzt habt.

Trocken und nass

Die wohl augenfälligste Eigenschaft von Wasser: nass zu sein!
So selbstverständlich, dass man nicht weiter darüber nachdenkt.
Aber: Was ist das, nass? Und: Ist nass gleich nass? Vorab vielleicht eine kleine Frage an die Kinder: „Welche genaueren Bezeichnungen für „nass“ kennt ihr?“ Patschnass, quitschnass, pudelnass, ... Da kommt schon einiges von der Vielfältigkeit dieser Zustandsbeschreibung heraus, bevor es dann an die Untersuchung der Gegenstände geht. Das erleichtert auch die Beschreibung der nassen/trockenen Objekte.
Die Utensilien für **Trocken und nass** können, sofern sie nicht in der Schule vorhanden sind, von den Kindern mitgebracht werden. Wichtig scheint uns, dass die Kinder lernen „Eigenschaft-Blätter“ von den jeweiligen Stoffen anzulegen, die sie frei gestalten können. Die Blätter sollten in der Klasse ausgehängt werden.

Wortliste

nass	
patschnass	verschmieren
quitschnass	verlaufen
feucht	tropfen
klamm	aufweichen
triefnass	verlaufen
trocken	feuchte Nässe
glänzend	Trockenheit
stumpf	Flüssigkeit
beschlagen	Rost
perlend	Schimmel
schimmelig	Pilz
durchlassen	Schirm
wasserdicht	Regenkleidung

Für das **Wasserdichte Paket** sollten die erforderlichen Utensilien auf jeden Fall in ausreichender Menge zur Verfügung stehen. Wichtig sind vor allem Stoffe und Plastikfolien sowie verschiedene größere Papierbögen.
Zu diesem Versuch kann ein kleinerer Vorversuch stattfinden, der die Lösungsmöglichkeiten beim Paketbau sicher erweitert: Die Kinder legen viereckige Stücke der verschiedensten Stoffe, Folien, Papiere auf ein großes weißes Blatt Papier. Nun gießen sie einige Tropfen gefärbtes Wasser auf diese Stoffe. Nach zwei Minuten nehmen sie die Materialien weg und sehen, welche davon Wasser durchgelassen haben und welche nicht. Eine Dokumentation dieses Versuchs könnte so aussehen, dass die Kinder kleine Stücke von den Materialien abtrennen und auf zwei große Bögen Papier aufkleben, überschrieben mit: „Hält Wasser ab“ und „Lässt Wasser durch“.

Trocken und nass

Manche Dinge sehen, wenn sie nass sind, ganz anders aus als trocken. Am deutlichsten merkt man den Unterschied zwischen trockenen und nassen Sachen, wenn man sie anfasst. Aber nicht alle nassen Dinge fühlen sich gleich an. Das könnt ihr ausprobieren:

Das braucht ihr:
jeweils zwei Lehm- oder Tonklumpen, Nylontücher, Plastilinklumpen, Fensterleder, Seife, Fell, Wolle, Pappe, Stahlwolle, Federn, Badeschwämme, Papierhandtücher, Scheuerlappen, Nägel, Steine, Muscheln, glasierte und unglasierte Tontöpfe oder Porzellan, Holzstücke und was euch sonst noch alles einfällt.

So geht es:
Legt jeweils einen der zwei gleichen Gegenstände kurz ins Wasser. Legt ihn dann neben den trockenen. Vergleicht beide sorgfältig miteinander. Hat sich die Farbe verändert? Die Größe? Die Form? Sieht es jetzt glänzend oder stumpf aus? Was hat sich sonst verändert?
Wie fühlen sie sich an?

Sucht euch einige der Gegenstände aus und macht für sie große **Eigenschafts-Blätter**. Malt den Gegenstand in die Mitte. Sammelt auf der einen Seite alle Nass-Wörter und auf der anderen Seite alle Trocken-Wörter.

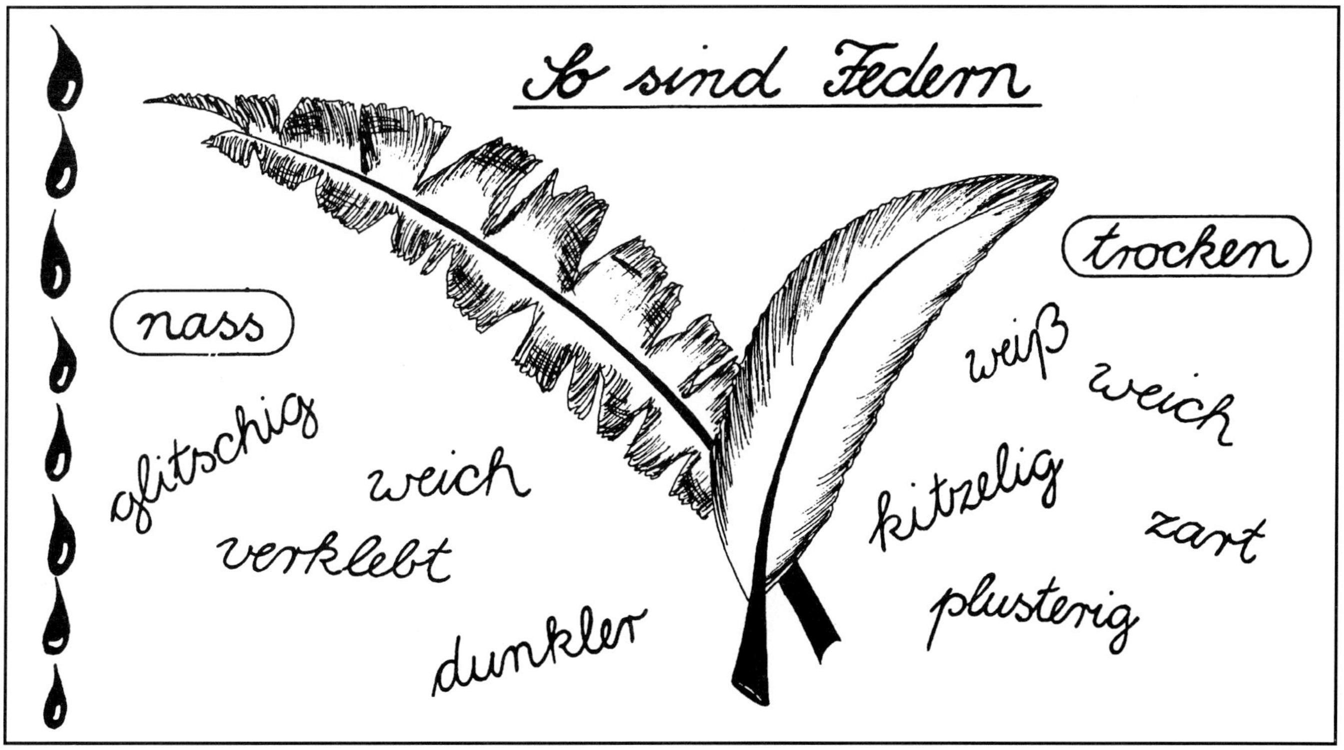

Wasserdichtes Paket

Inga möchte nur noch schnell das Geschenk einpacken, das sie ihrer Oma zum Geburtstag schicken will. Selbst gebackene Plätzchen, ein Buch und ein selbst gemaltes Bild.
„Halt!", ruft Lucas. „Stell dir mal vor, was alles passieren kann. Der Postbote trägt gerade das Paket aus, da beginnt es zu regnen wie aus Kübeln. Dein ganzes Paket löst sich auf. Das Bild verwischt, die Plätzchen sind eine Matsche und das Buch geht aus dem Leim!" Inga seufzt. Daran hat sie noch gar nicht gedacht. Aber wie kriegt sie nun ihr Paket wasserdicht? Ihr müsst Inga helfen!

Das braucht ihr:
eine Sammlung verschiedener Papierbögen, eine Plastiktüte, Alufolie, Pappen, Pappkartons. Kleber, Klebeband, Schnur, Schere, eine Gießkanne

So geht es:
Nehmt euch einen Karton und überlegt erstmal, womit ihr es einpacken wollt, wenn es trocken bleiben soll. Wenn ihr euch geeinigt habt, packt den Karton gut ein. Achtet darauf, dass das Paket rundherum eingepackt ist. Jetzt beginnt der Regentest: Begießt die Pakete eine Zeit lang mit der Gießkanne. Das macht ihr am besten draußen. Welche Verpackungen waren die besten? Das könnt ihr feststellen, wenn ihr die Pakete wieder öffnet. Ist der Karton nass geworden? Schneidet von jeder Verpackung ein Stück ab und klebt es auf ein großes Blatt Papier.

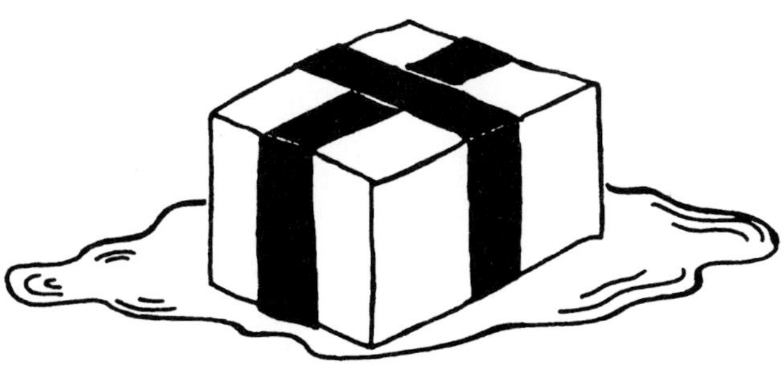

Hält das Wasser ab

Lässt Wasser durch

Schwimmen und sinken

Was schwimmt?

Hier braucht nur eine größere Schüssel mit Wasser bereitzustehen, eventuell noch alltägliche Dinge, von denen man nicht erwarten kann, dass sie in der Klasse vorhanden sind: Korken, Löffel, Flaschenverschlüsse, Holzstücke, Schrauben, Ansonsten werden die Kinder sicher recht erfinderisch sein.
Die Liste mit der Dokumentation sollte in der Klasse aufgehängt werden. Bei der Frage: „Warum schwimmen einige Dinge, andere nicht?“ kann die Erklärung **Schwimmen und sinken** herangezogen werden oder aber eine Hilfestellung seitens der Lehrerin erfolgen.

Holz schwimmt und Eisen sinkt

Die verschiedenen Holzsorten sollten, wenn möglich und nicht in der Schule vorhanden, entweder von den Kindern oder der Lehrerin beim Holzhandel oder beim Schreiner besorgt werden. Der wird auch sicher die Bitte erfüllen, die Abfallstücke schnell auf die gleiche Größe zu schneiden.
Zum Vergleich sollte eine kleine Eisenkugel (oder Glasmurmel) genommen werden.
Für den Versuch mit der Alufolie sollten schon vorher genügend gleich große Stücke zurechtgeschnitten werden.

Schwimmendes Ei
Schwebender Strohhalm

Zwei einfache Versuche mit wenig Hilfsmitteln. Im ersten Fall ein (rohes) Ei und Salz, im zweiten einen Strohhalm und Heftklammern, vielleicht noch andere Flüssigkeiten.

Boote bauen 1, 2 und ganz viele

Hier sollten vor allem die angegebenen Materialien bereitliegen, dazu Klebstoff, Klebeband, Nägel, Kordel. Speziell für **Boote bauen – ganz viele** ist ein umfangreicher Bestand an so genannten Abfallmaterialien, wie leere, ausgespülte Milchtüten, Verpackungen aus Pappe und Styropor, Klo- und Küchenpapierrollen, dicke, feste Pappe usw. von Nutzen, damit die Kinder ihre Aufbauten auf die Schiffsgrundform auch weitgehend frei gestalten können.
Wenn Sie die Kinder Boote schnitzen lassen, dann sollten sie vorher die Grundlagen des richtigen Umgangs mit den Messern und Schnitzwerkzeugen erläutern. Selbst dann ist immer noch ihre ständige Aufmerksamkeit erforderlich! Den Umgang mit dem Natrium/Soda sollten Sie ebenfalls im Auge behalten. Die Utensilien für den Versuch sollten sie vorher zusammenstellen. Leider bedarf es für den „Stapellauf“ einer größeren Wanne, damit das Schiff genügend Auslauf hat. Ein Waschbecken ist sicherlich zu klein.

Weitere, sehr anregende Beispiele und Ideen für selbst konstruierte Boote, sogar mit Eigenantrieb, finden sich in dem unbedingt empfehlenswerten Buch „Peter Lustigs Bastelbuch“. Bibliografische Angaben in den Literaturempfehlungen.

Wortliste

schwimmen	
sinken	wegdrücken
leicht	Dichte
schwer	Schwere
treiben	Druck
tauchen	Moleküle
schweben	Wasserspiegel
verdrängen	Auftrieb
tragen	Hohlraum

Was schwimmt?

Probiert aus, welche Dinge schwimmen.
Nehmt verschiedene Gegenstände.
Hier ein paar Vorschläge:
Steine, Bälle aus verschiedenem Material, Seife, Radiergummi, Bleistift, Korken, Schlüssel, Geldstücke, Löffel, Flaschenverschlüsse, Metallringe, Schrauben, Holzstücke, Schwamm, ...

Macht eine Liste:

Gegenstand	schwimmt
Stein	nein
Tennisball	ja
Golfball	nein

Versucht herauszufinden, warum einige Dinge schwimmen und andere nicht. Was haben die Dinge, die schwimmen, gemeinsam?

Schwimmendes Ei

Inga macht es ganz spannend. Vor ihr stehen zwei Schalen voll Wasser. In der Hand hat sie ein Ei: „Nun guck mal“, sagt sie zu Lucas. Sie legt das Ei in eine Schale und es sinkt auf den Boden. „Wetten, dass ich es mit meinem Zauberpulver schaffe, dass das Ei schwimmt?“ Sie nimmt einen Teelöffel weißen Pulvers aus einem Glas und rührt es in die andere Schale. „Abrakadabra!“, sagt sie und legt das Ei in die andere Schale. Tatsächlich, es schwimmt. „Zauberei“, denkt Lucas. Aber dann probiert er was von dem weißen Zauberpulver. Er verzieht das Gesicht. „Du hast mich reingelegt“, ruft er und stürzt hinter Inga her, die lachend aus der Küche läuft. Was war das Zauberpulver?
Du kannst den Trick wiederholen.

Schwebender Strohhalm

Jetzt ist Lucas an der Reihe. „Wetten, dass der Strohhalm aufrecht im Wasser schwebt?“ „Oller Angeber“, erwidert Inga. „Na, guck mal hin“, sagt Lucas und klemmt drei Heftklammern ans untere Ende. „Tatsächlich, der Strohhalm steht“, staunt Inga. „Ob man im Apfelsaft genauso viele Heftklammern braucht?“

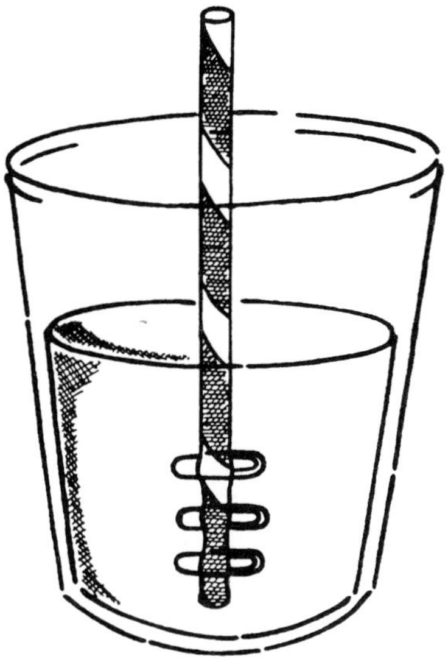

Holz schwimmt und Eisen sinkt?

Wenn ihr verschiedene Holzsorten besorgen könnt, dann probiert aus, ob wirklich alles Holz schwimmt. Versucht es einmal mit Esche, Pinie, Eiche, Buche, Ulme, Kastanie, Ebenholz.

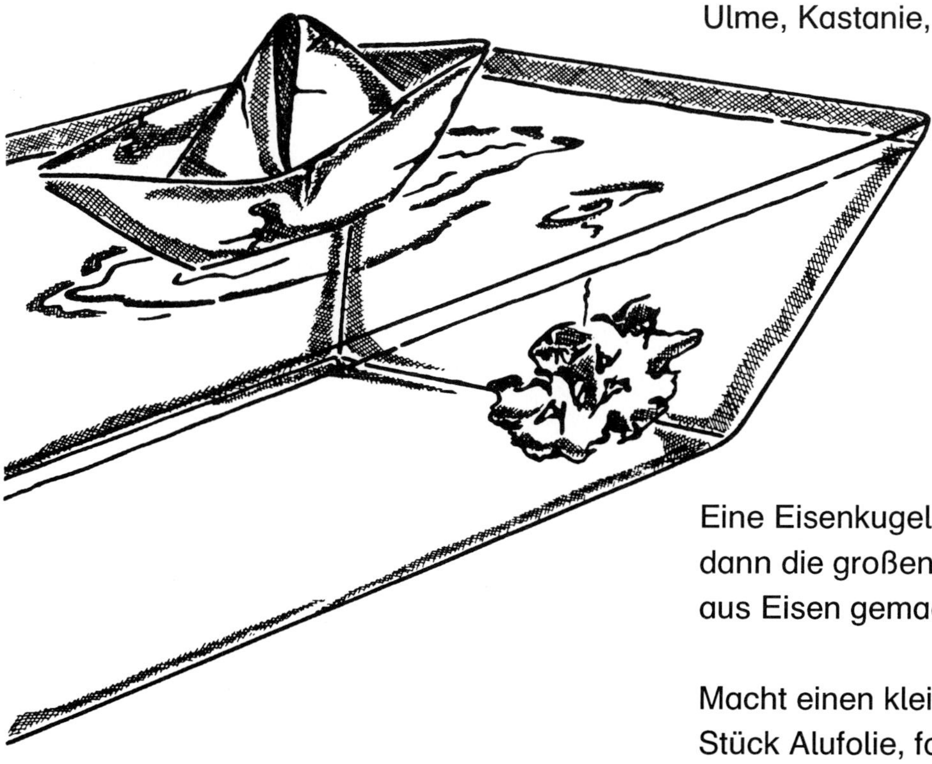

Eine Eisenkugel sinkt. Aber warum sinken dann die großen Schiffe nicht, die ja fast nur aus Eisen gemacht sind?

Macht einen kleinen Versuch: Nehmt ein Stück Alufolie, formt es zu einem kleinen Schiff und setzt es aufs Wasser. Nehmt dann ein gleich großes Stück Alufolie und knüllt es zu einer Kugel zusammen. Wird es auch schwimmen?

Schwimmen und sinken – *Erklärung*

Lucas ist ganz verwirrt. „Schiffe sind doch total schwer“, sagt er zu Inga. „Sie sind aus Eisen, haben schwere Maschinen und Ladungen, aber sie schwimmen. Und dieser kleine Eisenklotz hier ist gesunken, obwohl er viel leichter ist als ein Schiff.

„Pass mal auf“, sagt Inga, „das habe ich gerade in der Schule gelernt. Ich erkläre es dir. Du musst dir mal vorstellen, dass das Wasser aus ganz vielen kleinen Teilchen besteht. Die nennt man Moleküle. Diese Moleküle können leichte Dinge, wie zum Beispiel Styropor, Korken oder auch Holz sehr gut tragen. Schwere Dinge, wie zum Beispiel dieses Stück Knete hier, sind aber so schwer, dass die wenigen Wasserteilchen, die darunter sind, das Gewicht nicht halten können. Die Knete sinkt.“

Inga nimmt die Knete wieder vom Boden der Wanne. Sie formt sie zu einer breiten, flachen Schale, setzt sie wieder aufs Wasser und – die Knete schwimmt. Lucas staunt. „Wie kommt denn das?“ „Ja“, sagt Inga, „das ist doch ganz einfach. Jetzt, wo die Knete viel breiter ist, können ja auch viel mehr Wasserteilchen tragen helfen. Und zusammen sind die eben stärker als nur ein paar.“

„Logisch“, sagt Lucas. „wenn man ein Schiff zu einem Klumpen zusammenpressen würde, dann wäre es so schwer, dass die Wasserteilchen, die darunter sind, das Schiff nicht tragen können. Wenn es aber richtig groß ist, dann können die vielen Wasserteilchen darunter es schaffen.“

Eisen sinkt — Eisen schwimmt

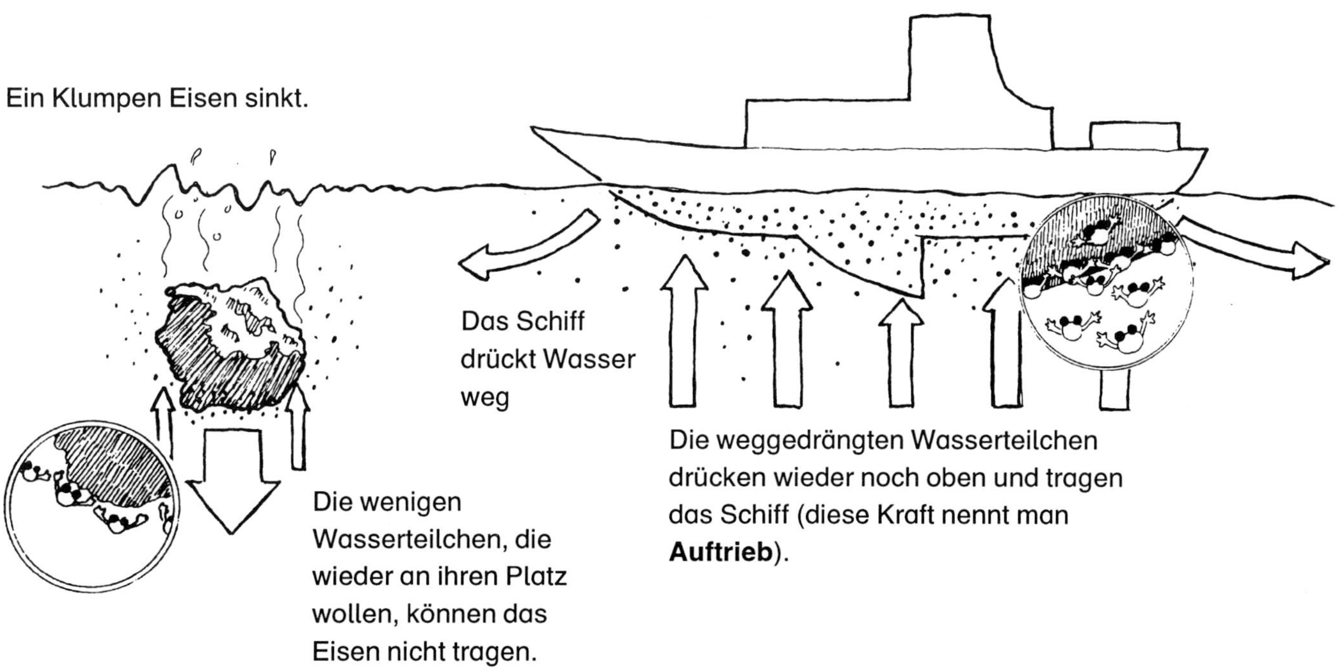

Boote bauen 1

Das brauchst du:
Holzbretter (von verschiedenem Holz), Styroporplatten, Schaschlikspießchen, festes Papier für die Segel, Klebstoff

So geht es:
Schneidet das Holz und das Styropor in gleich große Stücke. Benutzt diese Grundform, um verschiedene Bootstypen zu bauen. Ihr könnt mit allen möglichen Formen experimentieren. Setzt auf einige dieser Boote Segel. Die baut ihr aus den Schaschlikspießen und dem festen Papier. Setzt die Segel an verschiedenen Stellen auf: vorne, in der Mitte, hinten.
Nehmt für einige Boote mehrere Segel.
Nehmt alle diese Boote mit zu einem Ausflug an einen Bach. Markiert dort eine Strecke, die die Boote segeln sollen.
Setzt die Boote nacheinander an der gleichen Stelle ins Wasser. Welches ist am schnellsten?

Boote bauen 2

Das brauchst du:
Alufolie, in gleich große Stücke von 15 cm x 15 cm geschnitten; Klicker, die alle gleich groß sind; Plastikschüsseln voller Wasser

So geht es:
Formt aus den Alufoliestücken Boote. Die Form ist egal und ganz euch überlassen. Wessen Boot kann die meisten Klicker transportieren, ohne zu versinken?
Versucht es auch mit anderen Lasten: Legosteine, Alupapier zu Kugeln geformt, Briefklammern, Stifte, ...

Boote bauen – ganz viele

Es gibt viele verschiedene Methoden, Boote zu bauen. Eurem Einfallsreichtum sind da keine Grenzen gesetzt. Hauptsache, sie schwimmen.
Ihr könnt aus dickeren Ästen oder Holzstücken Boote schnitzen.
Vorsicht mit dem Schnitzwerkzeug! Lasst euch vorher von eurer Lehrerin zeigen, wie man damit umgeht.

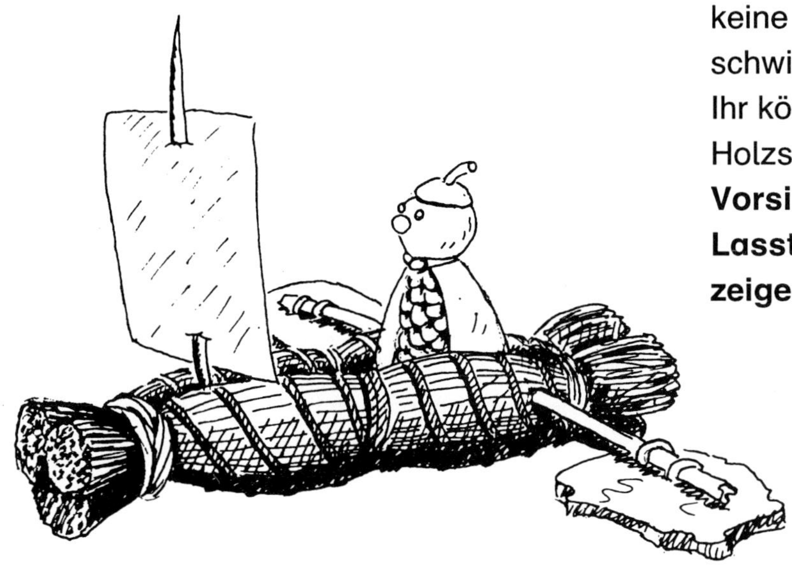

Binsen kann man mit Kordel zu einem Boot flechten. Da hinein kann man dann noch kleine Figürchen setzen.

Aus einem Holzbrett oder einer Styroporplatte lassen sich viele verschiedene Bootsformen bauen. Zuerst einmal braucht ihr eine Grundform. Die könnte so aussehen wie hier auf der Zeichnung.

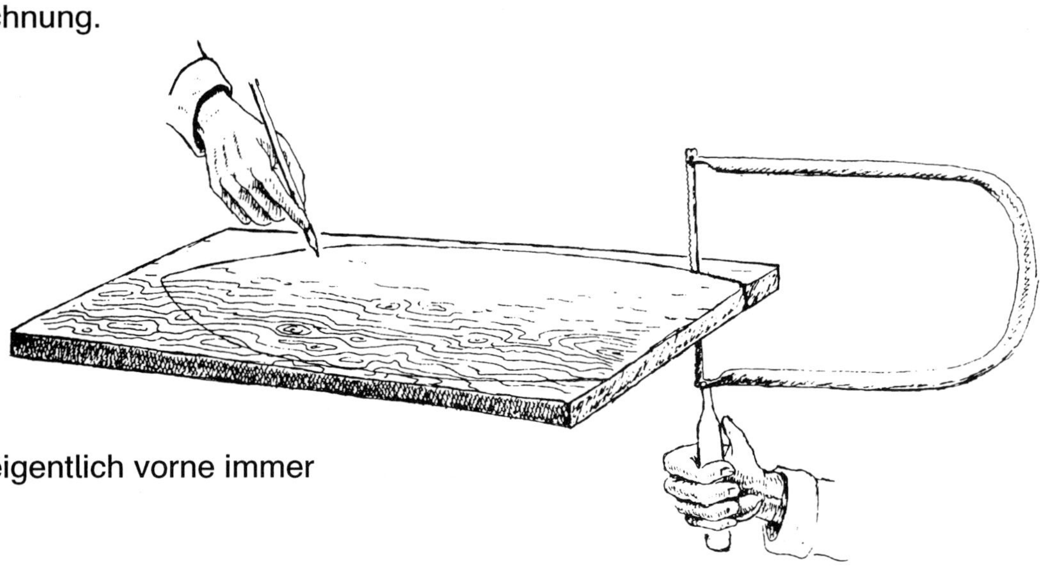

Warum sind Boote eigentlich vorne immer spitz?

Jetzt könnt ihr diese Form mit ganz vielen Aufbauten verändern und verschönern. Dazu eignen sich Eierkartons, Korken, Holzklötze, Segel aus Papier oder Stoff, Plastikbecher, Pappe, Kartons, was euch so einfällt. Bei Holzschiffen müsst ihr die Teile aufkleben (mit Holzleim) oder aufnageln. Bei Styropor kann man Aufbauten mit Draht befestigen. Die sind aber dann nicht so stabil.

Damit das Boot besser im Wasser liegt, sollte man einen Kiel darunter anbringen. Ganz einfach ein Brettchen, ein Stück Dachlatte oder eine Leiste von unten auf der Grundform festmachen.

Wer kann aus der gleichen Grundform die fantasievollsten Schiffe bauen? Wenn alle ihre Schiffe gebaut haben, dann malt auf große Pappen Meere, Flüsse, Kanäle, Seen, setzt eure Schiffe darauf und lasst sie „in See stechen“. Wenn ein Bach in der Nähe ist, könnt ihr gleich ausprobieren, ob eure Schiffe schwimmen. Damit sie aber nicht gleich wirklich im weiten Meer landen, sollten sie mit einer langen Kordel am Wegschwimmen gehindert werden.

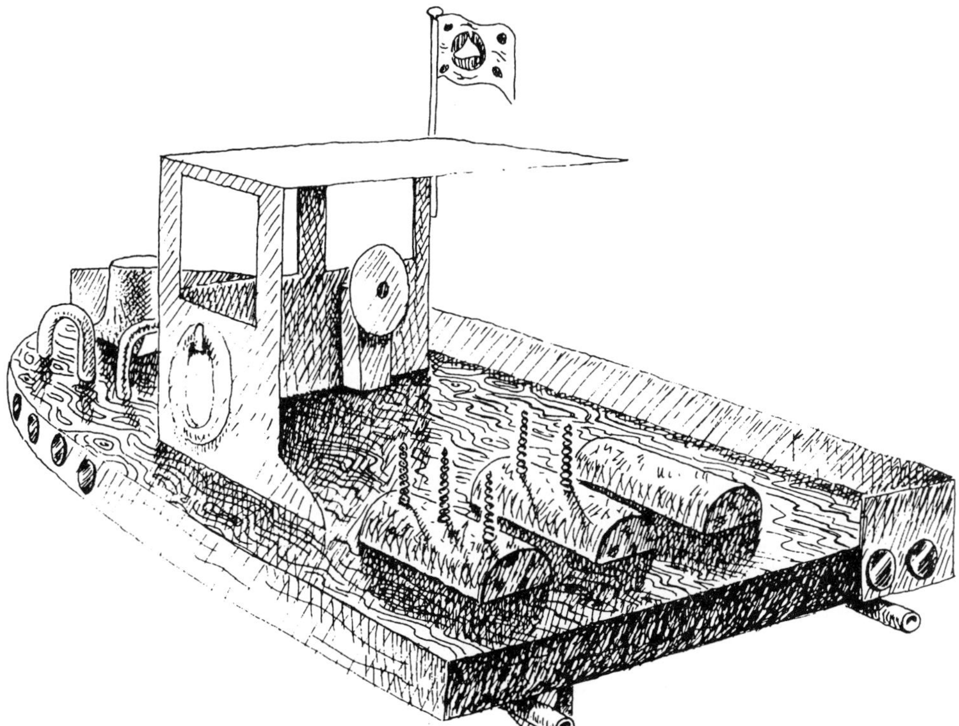

Bäche, Flüsse, Seen

Bäche, Flüsse und Seen sind ökologische Systeme, die man nicht so einfach und bedenkenlos „erforschen“ kann. Es gilt, Rücksicht zu nehmen auf die empfindlichen und bekanntlich schon viel zu arg ge- und zerstörten natürlichen Wechselbeziehungen zwischen den Bestandteilen des Lebensraumes „Wasser“.
Direkte Umweltschutz-Projekte mit Grundschulkindern finden wir nicht unproblematisch. Sie sind allzu oft von Erwachsenen im Sinne eines (falsch verstanden) emanzipatorischen Unterrichts initiiert und gehen an den wirklichen Interessen der Kinder vorbei. Wichtig ist es, dass Kinder die Natur/Umwelt und die Prozesse, die in ihr ablaufen, erst einmal kennen und schätzen lernen. Nur was man schätzt, das schützt man. Dann mag sich auch aus der (echten) Betroffenheit über die Zerstörung eines weiteren Teils Natur der Wunsch ergeben, dagegen etwas zu unternehmen.

Für LehrerInnen, die mit den Kindern konkrete Projekte angehen wollen, wollen wir hier eins vorstellen, da wir es für ökologisch sinnvoll halten, fördert es doch den behutsamen Zugang der Kinder zur Natur: Die Anlage eines naturnahen Teichs auf dem Schulgelände.
Der hier mit freundlicher Genehmigung abgedruckte Text entstammt dem auch sonst sehr empfehlenswerten Band **Natur-Kinder-Garten** – Ein Materialheft für Kindergärten, herausgegeben vom **Naturschutzzentrum NRW**.
Genaue Daten zum Band finden Sie in der Literaturliste.

Natürlich werden durch solche Projekt akute Umweltprobleme wie Artensterben und Verdrängung der Natur aus unseren Lebensräumen nicht grundlegend unterbunden. Aber die Kinder gewinnen eine differenziertere, aufmerksamere und hoffentlich längerfristig wirkende Aufmerksamkeit für die sensiblen Vorgänge in der Natur – sofern das Projekt **Teich** richtig vorbereitet und durchgeführt wird.

Den Lebensraum Meer haben wir hier nicht berücksichtigt, da er den weitaus meisten Schülern wohl nicht direkt zugänglich ist und uns im Sinne eines erkundenden, handelnden Lernens die Gewässer in der nächsten Umgebung des jeweiligen Lernortes „näher“ waren.
Die meisten Aktivitäten beziehen sich auf den Fluss als Wirtschafts- und Sozialfaktor, den „Wasserweg“ und „Freizeitbereich Fluss“. Die Erkundungen lassen sich weitestgehend nicht im Klassenraum bewerkstelligen – dafür muss man schon den Lernort nach draußen verlegen, an den jeweiligen Fluss, See oder Teich.

Erlebnisbereich Teich

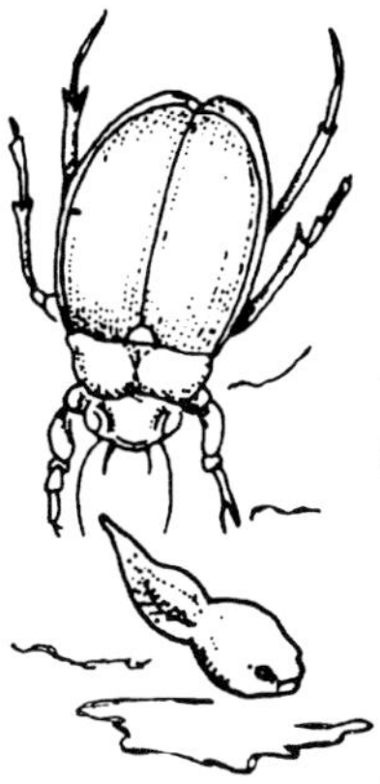

In jüngster Zeit sind viele Tausend Feuchtgebiete durch Verfüllung, Straßenbau oder Umwandlung in Mülldeponien zerstört worden. Zahlreiche Pflanzen- und Tierarten der Kleingewässer sind deshalb inzwischen auf der „Roten Liste“ der vom Aussterben bedrohten oder gefährdeten Arten zu finden.
Die geheimnisvolle Welt unter der Wasseroberfläche ist vielen von uns unbekannt. Doch nur wer die vielfältigen Beziehungen zwischen Pflanzen und Tieren im Gewässer kennt, weiß, dass jeder menschliche Eingriff das hochkomplizierte Miteinander zerstören kann.
Sicher kann ein naturnaher Teich in der Schule kaum zur Rettung der vom Aussterben bedrohten Tiere und Pflanzen beitragen. Aber viele Wassertiere und Pflanzen besiedeln auch künstliche Teiche. Eine Wasserstelle trägt somit immer zur Bereicherung der biologischen Vielfalt auf dem Gelände bei und ist besonders für Kinder ein wertvoller und attraktiver Erlebnis- und Lernort.

Wasser übt auf Kinder eine große Faszination aus. Jeder Bach oder Teich weckt spontan den „Forschertrieb“. Wie in keinem anderen Lebensraum können im Teich durch seinen begrenzten Raum verschiedene Lebenszusammenhänge und Abhängigkeitsverhältnisse von Lebewesen leicht entdeckt werden.
Schon der Hinweis, dass alle Wassertiere immer nur in einem wassergefüllten Behälter beobachtet werden können, macht selbst kleinen Kindern die Abhängigkeit zum Umweltfaktor Wasser deutlich.
Einfache Beispiele von störenden Einflüssen können eindrucksvoll veranschaulicht werden.
Der Teich ist also eine einzigartige Chance für eine wirkungsvolle Naturerziehung in Kindergarten und Grundschule.

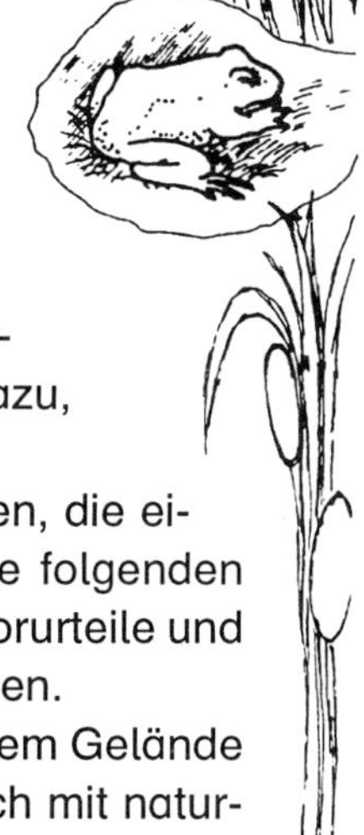

Teich – in der Grundschule problematisch?

Doch müssen wir nicht nach Anlage eines Teiches viel stärker auf die Kinder aufpassen? Kann man die schweren Arbeiten bei der Anlage eines Teiches überhaupt mit Kindern durchführen? Oder wie kann das erforderliche Material finanziert werden? Diese und andere Probleme führen dazu, dass Teiche in der Grundschule zurzeit noch oft tabu sind.
Wir kennen inzwischen aber eine Reihe von Kindergärten und Grundschulen, die einen Teich angelegt und damit sehr gute Erfahrungen gemacht haben. Die folgenden Hinweise stützen sich auf diese Erfahrungen und können vielleicht helfen, Vorurteile und Ängste bei Eltern und Kollegen abzubauen und offene Fragen zu beantworten.
Eine Gefährdung der Kinder kann wie bei allen Elementen und Geräten auf dem Gelände sicher niemand ausschließen. Aber bei Beschränkung auf einen kleinen Teich mit naturgemäßer Gestaltung kann man nach menschlichem Ermessen davon ausgehen, dass Kinder nicht zu Schaden kommen. Dabei sollte man sich an die nachfolgenden Hinweise zum Teichbau halten, d.h. besonders auf eine ganz flach auslaufende Ufer- und Sumpfzone achten und nur eine kleine Flachwasserzone mit maximal 40 cm Wassertiefe in der Teichmitte anlegen.

Ist die Anlage eines größeren Teiches nicht möglich, genügt für das Beobachten und Entdecken des Teichlebens auch ein Kleinstgewässer von 1–2 m mit einer Wassertiefe von 20–30 cm. Die Mehrzahl der nachfolgend noch zu beschreibenden Teichlebewesen siedeln sich schon in solchen Kleinstgewässern an; nur für die Überwinterung von Amphibien und anderen größeren Tieren fehlt es an der nötigen Wassertiefe. Viele Singvögel nehmen eine solche Wasserstelle gerne als Vogeltränke an und können so von den Kindern sehr schön beobachtet werden.

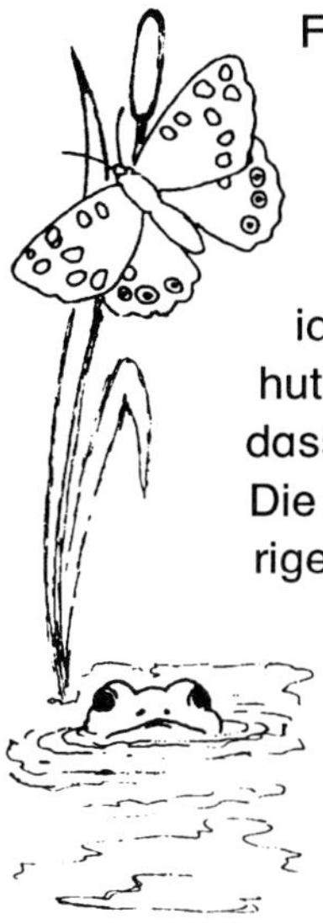

Fehlt ein Gewässer auf dem Schulgelände, sollten Sie, sofern möglich, einen Teich in der Umgebung aufsuchen und den Kindern hier die Möglichkeit geben, das Leben im Teich zu erforschen.

Beim Anlegen des Teiches haben die Kinder großen Spaß am Buddeln, sie identifizieren sich dann mit dem neu geschaffenen Lebensraum und gehen behutsam damit um. Wichtig dabei ist, dass möglichst alle Gruppen sich beteiligen, dass es ein gemeinsames Projekt wird, an dem auch die Eltern mitwirken.
Die bisherigen Erfahrungen haben gezeigt, dass Kinder, unterstützt durch eine niedrige (eher gefühlsmäßige) Abgrenzung (z.B. einen „Zaun“ aus Weidenruten), den Teich als kleines Schutzgebiet akzeptieren. Den Standort wählt man deshalb auch am besten so aus, dass der Teich z.B. in einer Grundstücksecke nur von einer Stelle zugänglich ist und hier ein Beobachtungsplatz am besonders flachen Ufer eingerichtet wird.
Geben Sie den Kindern oft Gelegenheit, mit Wasser auch in anderer Form spielerisch ihre Erfahrungen zu machen. Den Kindern wird es dann noch leichter fallen, das Leben im Teich zu schützen.
Bei den schweren Aushubarbeiten sollten Sie sich auf die Hilfe der Eltern stützen, die sicher bereit sind, z.B. im Rahmen eines „Natur-Aktionstages“, die Teichanlage mit Rat und Tat zu unterstützen. Hilfreich ist auch eine Beratung durch Mitarbeiter kommunaler Grünflächen- oder Umweltschutzdienststellen, Naturschutzgruppen oder Umweltzentren mit Teichbauerfahrung.

Das Anlegen eines Teiches

Haben Sie sich entschlossen, an der Schule einen größeren Teich von 6–10 qm anzulegen, so sind vor Baubeginn einige Vorbereitungen zu treffen:
Information: Beschaffung von Informationsmaterial und Literatur; Gespräche mit Fachleuten (Finanzierung?); Information der Eltern; evtl. Besichtigung von Teichen in elterlichen Gärten, Grünanlagen oder an einem Naturschutzzentrum usw.
Genehmigung: Zustimmung der Eltern und des Trägers soweit erforderlich einholen.
Finanzierung: ggf. Beantragung von Fördermitteln, Spendensammlung usw.
Materialbeschaffung: Benötigt wird zur Abdichtung eine Teichfolie, als nährstoffarmes Füllmaterial Sand (etwa 2 Kubikmeter bei einem Teich von 8 qm Wasserfläche), für die Ufergestaltung Kies und Steine sowie zur Bepflanzung eine kleine Auswahl von heimischen Wasser- und Sumpfpflanzen. Die genaue Größe der benötigten Folie wird am besten erst nach Aushub der Teichmulde mit einer Schnur ausgemessen. Achten Sie darauf; dass es sich um eine schwarze, UV-lichtbeständige Teichfolie handelt mit einer Stärke von 1 mm. Solche Folien werden vom Hersteller in der gewünschten Größe geliefert. Als eine natürliche Abdichtung kann man an Stelle der Folie auch Ton verwenden, dieser lässt sich aber mit Kindern nur schwer verarbeiten, ist zudem nicht 100%ig wasserundurchlässig (besonders Kleinstteiche fallen also im Sommer leicht trocken).

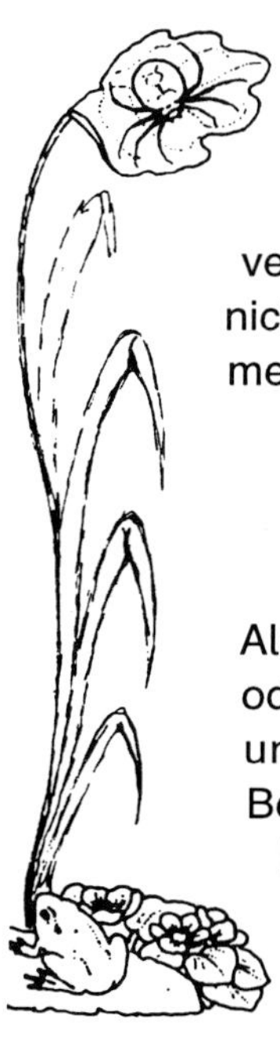

Weitere praktische Tipps zur Planung

Als Standort sollten Sie einen ruhigen, etwas geschützten Bereich am Rande oder in einer Ecke des Grundstücks wählen. Der Teich darf aber nicht direkt unter Bäumen liegen, da die Wasser- und Sumpfpflanzen teilweise auf Besonnung angewiesen sind.
Legen Sie den Zeitpunkt für den Baubeginn am besten in das Frühjahr auf einen möglichst warmen Tag: Die Folie lässt sich dann leichter verlegen und für Wasserpflanzen ist das Frühjahr eine günstige Pflanzzeit.

Zweckmäßig ist es, vom gewünschten Teich vorher eine Skizze anzufertigen (Grundriss mit Pflanzzonen, Querschnitt) und den Grundriss mit Stöcken und Schnur einmal im Gelände abzustecken.

Bauablauf für einen Teich

Eine ausführliche Anleitung für den Bau eines kleinen naturnahen Teiches finden Sie im Naturgarten-Infoblatt Nr. 22 „Anlage eines Gartenteiches" des Naturschutz-Zentrums NRW. Mit Hilfe dieser Anleitung (bei Verzicht auf die dort beschriebene Tiefwasserzone) und etwas handwerklichem Geschick lässt sich auch von Laien der gewünschte kindgemäße Teich von 3 m Durchmesser und 40 cm Wassertiefe anlegen, sodass wir uns an dieser Stelle auf einige wichtige Hinweise zum Bauablauf beschränken.

1. Der Umriss wird mit Holzpflöcken und Schnüren markiert.

2. Beim Aushub wird das Teichbett entsprechend der Planskizze modelliert. Ein kleiner Erdwall bleibt zwischen Sumpf- und Flachwasserzone stehen, sodass der Sand später nicht abrutschen kann.

3. Spitze Gegenstände wie Wurzeln und Steine müssen sorgfältig entfernt werden. Dann wird eine ca. 5 cm dicke Sandschicht zum Schutz der Folie aufgebracht.

4. Die Folie wird darauf möglichst locker verlegt, damit spätere Druck- und Zugbelastungen (insbesondere an den Stufen) vermieden werden. Am Rand lässt man die Folie zunächst noch überstehen, da sie sich unter der Last von Sand und Wasser noch senken kann.

5. Nur die Mulden für die Sumpf- und Flachwasserzone werden mit Sand (keinesfalls mit einem nährstoffreichen Mutterboden!) bis über den Rand angefüllt. Die Ufer sind dann gleichmäßig flach abfallend.

6. Langsam kann nun der Teich mit Wasser angefüllt werden. Das Schlauchende legt man dazu am besten an der tiefsten Stelle des Teiches in einen Eimer.

7. Bevor der höchstmögliche Wasserstand erreicht ist, können die Kinder Flachwasser- und Sumpfzone bepflanzen. So lassen sich die Pflanzen leichter einbringen und besser im Teichboden andrücken. Da sich Wasserpflanzen im Teich rasch ausbreiten und Teiche recht schnell zuwuchern, sollte man sich auf ca. 10 Pflanzen (in Pflanzkörben) beschränken.
Eine Liste mit geeigneten Pflanzen finden Sie im schon erwähnten Infoblatt des NZ NRW.

8. Die Ansiedlung mit Kleinstlebewesen kann man durch die Zugabe eines Eimers mit Wasser aus einem benachbarten Gewässer fördern.

Keinesfalls darf man Fische einsetzen oder Pflanzen aus der Natur entnehmen!
Selbst ein noch so harmloses Tier wie der Goldfisch lebt „räuberisch" von Eiern, Larven und Insekten. Er kann sich so stark vermehren, dass sich der Teich zu einem tierarmen, gestörten Gewässer entwickelt. Dieses sollten Sie auch den Kindern verständlich machen und sie bitten, keine Goldfische aus dem elterlichen Gartenteich mitzubringen.

9. Nach Erreichen des höchsten Wasserstandes und dem Setzen der Folie kann diese unmittelbar über dem Boden abgeschnitten und mit Sand, Kies und Steinen leicht abgedeckt werden. Mit den gleichen Materialien, evtl. auch Holz, einem Baumstubben und Uferrandpflanzen, kann man dann den Uferbereich und die Teichumgebung recht abwechslungsreich gestalten. Der Beobachtungsplatz lässt sich mit Kies, Rundhölzern oder einigen Steinplatten befestigen, während die übrigen Uferbereiche durch die symbolische Abzäunung (evtl. auch Bepflanzung) als nicht zu betretender, geschützter Bereich deutlich gekennzeichnet werden.

Der Teich in der Kiste

Material:

Für jeden eine Apfelsinenkiste, Folie, Gräser, Erde, Sand, große und kleine Kieselsteine, Hölzchen, Papier und Schere
Bei all unseren geplanten Projekten haben wir mit Kindern oder Eltern den Lebensraum erst einmal in der Kiste vorgebaut. Es macht Spaß und hilft, die Gestaltungselemente und Schwierigkeiten schon beim Bau des Modells zu erkennen. Bestimmt kommen dabei viele gute Ideen zusammen.

Teich erleben

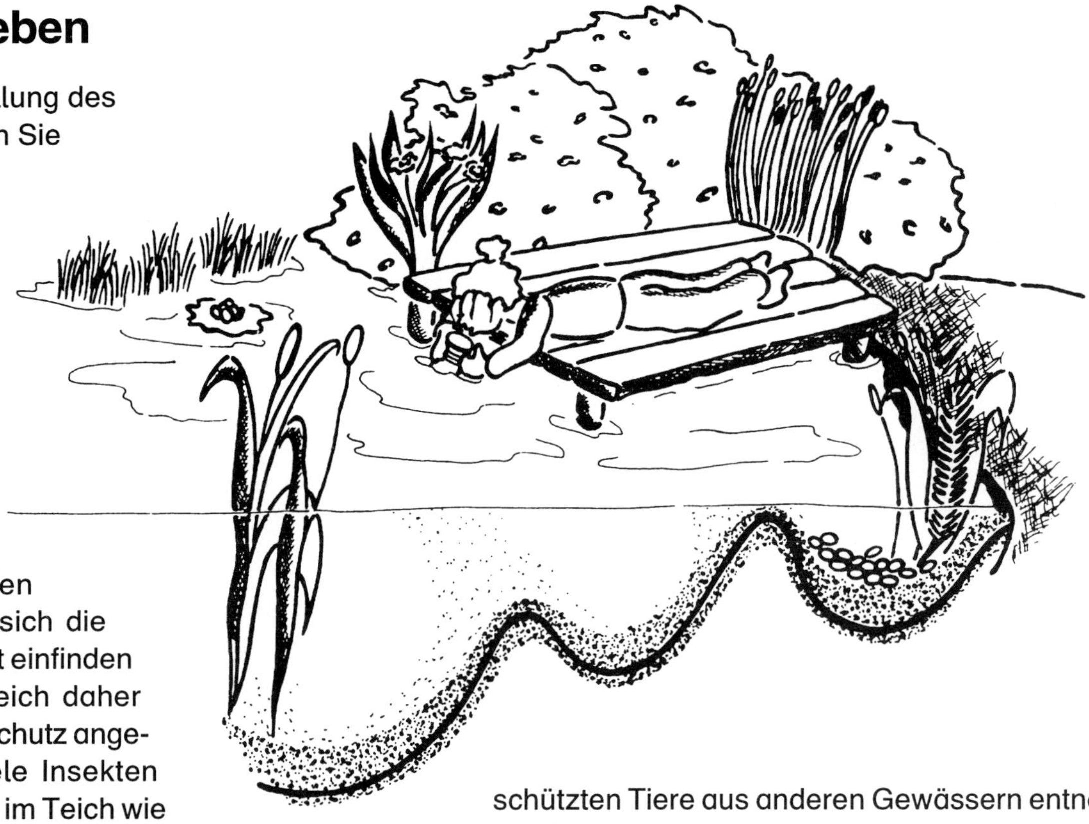

Nach Fertigstellung des Teiches werden Sie erleben, dass die Kinder mit großem Interesse und sehr gespannt die Entwicklung des Lebens im Teich beobachten werden.
Erklären sie den Kindern, dass sich die Tiere von selbst einfinden werden, der Teich daher auf Ruhe und Schutz angewiesen ist. Viele Insekten leben als Larve im Teich wie zum Beispiel Libellen, zahlreiche Fliegenarten oder Wasserkäfer. Auf ihrer Suche nach Wasserstellen für die Eiablage werden sie recht schnell auch Ihren Teich entdecken und besiedeln. Laich von Schnecken hängt meist unbemerkt an den Pflanzen, die neu eingesetzt worden sind. Auch bestimmte Amphibien besiedeln ein neu angelegtes Gewässer, wenn die übrigen Lebensraumansprüche in der Umgebung vorhanden sind. Keinesfalls darf man diese geschützten Tiere aus anderen Gewässern entnehmen!

Wer kommt zuerst?

Ist es die Libelle, der Rückenschwimmer, ein Vogel oder eine Wasserschnecke? Die Beobachtungen der Kinder können in einem Kalender festgehalten werden z.B. durch Aufkleben von Bildern der Tiere. Ein gebasteltes Fernglas und eine Unterwasserlupe machen das Beobachten noch spannender.

Bau einer Unterwasserlupe

Von einer Blechdose entfernt man mit einem Dosenöffner Boden und Deckel. Über eine der Öffnungen wird klare Folie mit einer Schnur wasserdicht festgebunden. Hält man die Dose senkrecht ins Wasser, wölbt sich die Folie durch den Wasserdruck nach innen. Sie wirkt jetzt wie die Linse einer Lupe.

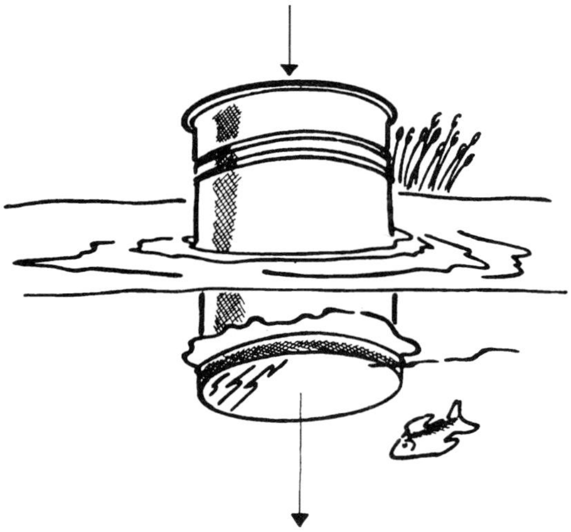

Das „Anschleichspiel“

Leises Anschleichen und ruhiges Verhalten können Sie mit dem folgenden Spiel üben, das auch für das Erkunden anderer Lebensräume geeignet ist.
Mit den Kindern wird ein Kreis gebildet. Ein Kind darf in die Mitte, bekommt die Augen verbunden und übernimmt die Rolle eines Wassertieres (Frosch/Fisch). Die Kinder im Kreis möchten das Tier fangen, um es zu beobachten. Der Spielleiter zeigt auf ein Kind, das sich leise an das Wassertier in der Mitte anschleichen darf. Wenn das Kind in der Mitte den Anschleicher hört, muss es in dessen Richtung zeigen: Der Anschleicher gilt nun als entdeckt, er hat das Tier verscheucht. Nun muss sich das Kind, das angeschlichen ist, in die Mitte des Kreises stellen und ein Wassertier spielen. Das andere Kind stellt sich in den Kreis zurück und fordert mit dem Finger einen neuen „Anschleicher“ auf.

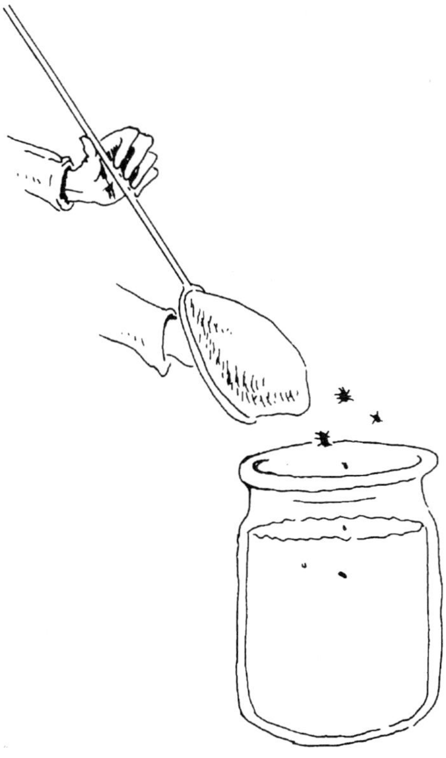

Teich erforschen

Wir gehen tümpeln

Erinnern Sie die Kinder vor der Suche nach Wassertieren noch einmal an wichtige Regeln:

- leise anschleichen,
- ruhig hinknien,
- ganz geduldig warten und genau schauen,
- nicht in den Teich steigen.

Ganz vorsichtig und behutsam sollen die Tiere mit dem Käscher aus dem Wasser geholt werden. Wassertiere können ohne Wasser nicht leben! Sie müssen in ein mit Teichwasser gefülltes Glas gesetzt werden.
Bevor mit der Gewässeruntersuchung begonnen wird, sollten sich die Kinder erst einmal hinknien und eine Minute still ins Wasser schauen. Anschließend können reihum Eindrücke geäußert werden. Lassen Sie bei den Untersuchungen immer zwei Kinder zusammenarbeiten. Jede kleine Gruppe bekommt dann ein Glas und einen Käscher.
Bei Kindern und auch bei uns Erwachsenen bricht leicht unbewusst der Jagd- und Sammeltrieb aus. Kinder fangen nicht gerne nur eine Schnecke, sondern gleich so viele, wie sie finden können. Aus diesem Grund lassen wir nur zwei Tiere pro Gruppe sammeln.

An folgenden Stellen im Teich halten sich jeweils ganz bestimmte Tiere auf, die leicht gefunden werden können:
- im Sand,
- zwischen den Pflanzen (den Käscher vorsichtig durch die Pflanzen ziehen),
- unter den Steinen.

Nach dem Sammeln können die Tiere erst einmal in den Gläsern beobachtet werden. Mit folgenden Fragen kann man Kinder zum genauen Beobachten veranlassen:
- Welches ist das größte bzw. kleinste Wassertier?
- Wie bewegt es sich?
- Wo hält es sich im Wasserglas auf?
- Kannst du Auge oder Mund erkennen?

Hinweis:

Wenn die Tiere zurückgebracht werden, dürfen die Kinder die Tiere nicht ins Wasser schütten, sondern müssen das Glas ins Wasser hängen und die Tiere herausgleiten lassen!

Der Bau eines Käschers

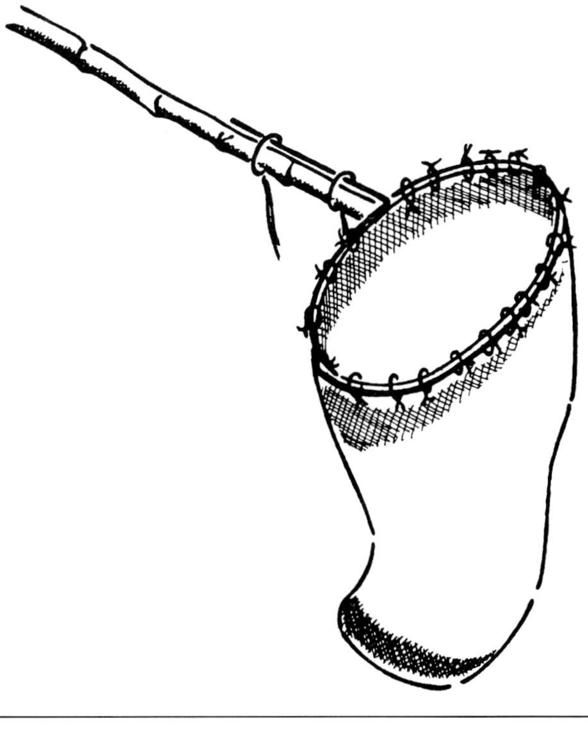

Das brauchst du:

einen Drahtkleiderbügel, die Füße einer alten Strumpfhose (aber ohne Löcher), Kordel, dünnen Draht, einen Bambusstab

So geht es:

Forme den Kleiderbügel zu einem Ring, wie auf der Zeichnung zu sehen ist. Befestige daran (mit Kordel oder Draht) den Fuß der Strumpfhose. Mache das überstehende Ende des Kleiderbügels am Bambusstab mit Draht fest – fertig ist der Käscher.

Wassertiere kennen lernen

Mit einem Pinsel können die Tiere vorsichtig einzeln in weißgrundige Teller mit Wasser umgesetzt und auf einem Tisch ausgestellt werden.

Eine Lupe hilft beim näheren Kennenlernen. Beim Naturschutzzentrum NRW können Sie gegen Rückporto eine Becherlupe anfordern, die sich bei der Arbeit mit kleinen Kindern bewährt hat. Die Tiere schwimmen gut geschützt und sichtbar im wassergefüllten Becher, dessen Deckel als Lupe gleichzeitig vergrößert.
Noch deutlicher können Tiere durch ein Binokular betrachtet werden.
Es vergrößert die Tiere wesentlich stärker als eine Lupe (sinnvoll ist eine 10- bis 30-fache Vergrößerung). Dabei werden ganz deutlich Mundöffnungen, Augen, Fühler und Bewegungen der Tiere sichtbar. Den Hüpferling, ein winziges Lebewesen, kann man nur unter dem Binokular erkennen. Leider ist die Anschaffung eines Binokulars nicht billig.
Sofern Sie an ihrer Schule keins besitzen, können Sie sich ja möglicherweise ein solches optisches Gerät an einer benachbarten Schule ausleihen.

Welche Tiere über, auf und im Wasser leben

Für Kinder sind Wasserflächen ein ausgesprochen attraktiver Erlebnis- und Spielraum. Da es sich beim Teich aber auch um einen sensiblen Lebensraum handelt, müssen Kinder hier Rücksichtnahme gegenüber Pflanzen und Tieren lernen. Das Leben im und am Teich beobachten sie am besten von einem festen Beobachtungsplatz aus.

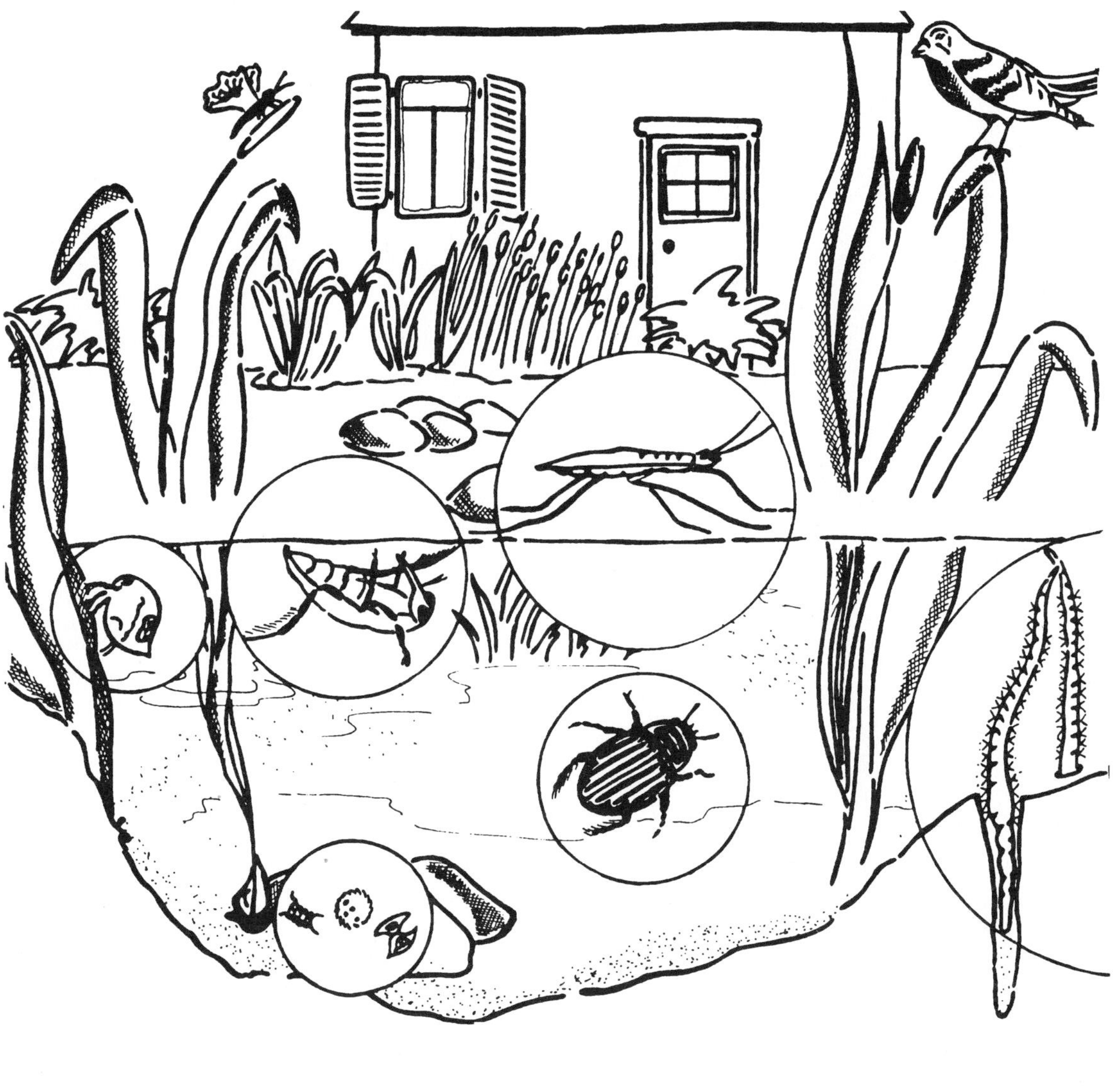

Wasserpflanzen betrachten

Immer wieder machen wir die Erfahrung, dass Kinder besonders viel Interesse an Tieren haben. Das Interesse für Pflanzen dagegen muss oft erst geweckt werden.
Dazu eine Wahrnehmungsübung: Die Kinder sitzen draußen im Kreis mit geschlossenen Augen. Der Spielleiter fordert die Kinder auf, das Aussehen ihres Teiches zu beschreiben. Wie selbstverständlich beziehen die Kinder die Pflanzen in die Beschreibung ein.
Anschließend können Sie mit den Kindern überlegen, welche Aufgaben die Pflanzen im Teich für die Tiere haben.
– Es gibt Pflanzen, die senkrecht aus dem Wasser herausragen (Klettermöglichkeit).
– Es gibt Schwimmpflanzen, deren Blätter auf dem Wasser schwimmen (Anflug- und Rastmöglichkeit für Insekten).
– Es gibt untergetauchte Pflanzen (Versteckmöglichkeiten).

Wie leben Tiere unter Wasser?

Aus eigener Erfahrung wissen die Kinder, dass sie selbst im Wasser keine Luft bekommen und zum Tauchen einen Schnorchel brauchen. Bei der Beschäftigung mit Wassertieren stellen Kinder deshalb oft die Frage, wie denn die Tiere unter Wasser ohne „Sauerstoffgerät“ überleben können. Der folgende kleine Versuch kann die Erklärung erleichtern: Den Kindern wird auf einfache Weise veranschaulicht, dass Tiere die „Luft“ (den Sauerstoff) zum Atmen dem Wasser entnehmen können, da Unterwasserpflanzen Sauerstoff in das Wasser abgeben. Für diesen Versuch nehmen Sie ein paar Unterwasserpflanzen aus dem Teich und setzen sie in ein wassergefülltes Glas. Schneiden Sie einige Pflanzenblättchen ein. Eine Tischlampe muss ganz nahe an das Glas gestellt werden. Nach kurzer Zeit steigen deutlich erkennbare Sauerstoffbläschen auf.

Unterwasserpflanzen produzieren diesen Sauerstoff unter Wasser. Wassertiere (z.B. Fische oder Libellenlarven, die ausschließlich unter Wasser leben) haben Atemorgane, die den Sauerstoff aus dem Wasser „herausholen“.
Es gibt aber auch Wassertiere, die an die Oberfläche kommen, um dort „Luft“ zu holen. Dies sind der Rückenschwimmer, der Gelbbrandkäfer und die Schlammschnecke.

Das Froschspiel

Material:

ein Stück Pappe oder Zeitung (DIN A4). Sicher kennen Sie das populäre Spiel „Reise nach Jerusalem“, das als Vorlage für das Froschspiel diente: Seerosenblätter aus Pappe werden auf dem Boden verteilt, die Kinder „schwimmen“ dazwischen als Frösche im „Wasser“. Dabei singen alle ein Lied. Auf ein Zeichen des Spielleiters wird das Lied unterbrochen und alle Frösche müssen einen Sitzplatz auf einem Seerosenblatt finden. Im Verlaufe des Spiels wird die Zahl der Seerosenblätter immer weiter reduziert. Dann kann man sehen, wie viele kleine Frösche auf einem Bein zusammen auf einem Seerosenblatt stehen können!

Wie lebt die Libelle?

Am Beispiel der Libelle lässt sich besonders gut veranschaulichen, wie ein Tier die verschiedenen Pflanzenarten nutzt. Manche Libellenarten befestigen ihre Eier auf der Blattunterseite von Schwimmblattpflanzen. Die Libellenlarve lebt zunächst bis zu drei Jahre im freien Wasser, zwischen den Wasserpflanzen und auf dem Grund des Teiches, bis sie eines Tages an einer Wasserpflanze aus dem Wasser klettert. Die Larvenhülle reißt auf und eine schillernde Libelle entfaltet sich. Nur mit etwas Glück kann diese Entwicklung unmittelbar beobachtet werden, aber sicher werden die Kinder Larvenhüllen an den Pflanzen finden, an denen das Ausschlupfloch zu sehen ist.

Was frisst die Wasserschnecke?

Füllen Sie ein Einweckglas mit Teichwasser und stellen Sie es etwa eine Woche lang ans Fenster. Es bildet sich ein Algenbelag an den Glasinnenwänden. Nun setzen Sie Wasserschnecken ein. Die Schnecken kriechen auf den Glasflächen und säubern diese. Deutlich kann beobachtet werden, wie die Schnecken mit Hilfe der für sie typischen Reibeplatte (die mit Zähnchen besetzt ist) Algen abraspeln.

Wie entwickeln sich Wasserschnecken?

Für die Beobachtung im Aquarium eignen sich Wasserschnecken besonders gut, da ihre Haltung unproblematisch ist.
Richten Sie ein Aquarium im Gruppenraum ein. Beim Gestalten des Aquariums mit Sand, Kies und Pflanzen lernen die Kinder den Lebensraum der Wassertiere kennen. Bevor Teichwasser eingefüllt wird, legt man am besten eine Plastikfolie über den Sand, damit er beim Einfüllen nicht aufwirbelt. Nun können Schnecken und Schneckeneier, die an den Wasserpflanzen hängen, eingesetzt werden.

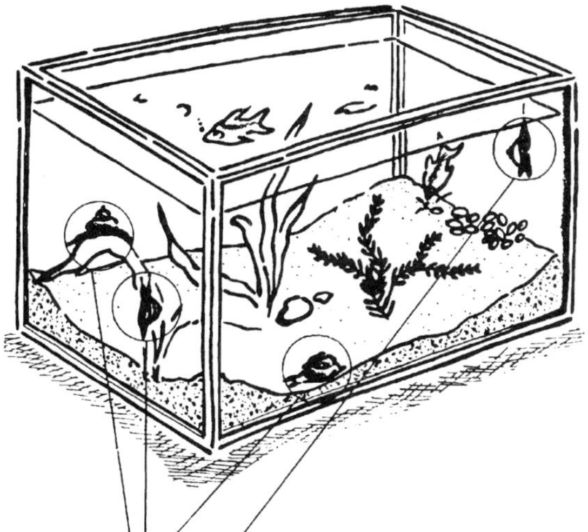

Wasserschnecken

Bäche und Seen Im Wandel der Jahreszeiten

Fasziniert sind die Kinder immer wieder, wenn sie erleben, wie die Natur, hier ein Bachlauf, das Ufer eines Sees, sich im Jahreslauf verändert Daher sollte zumindest über ein Jahr ein Bachlauf oder ein See regelmäßig besucht werden. Für die einzelnen Jahreszeiten typische Fundstücke, also Blätter, Früchte, Blüten, sollten gesammelt werden. Spannend sind Fotos, die über ein Jahr hinweg regelmäßig von derselben Stelle gemacht werden.
Die Kinder werden aufmerksam alle Änderungen verfolgen:
Wie ändert sich die Nutzung durch Menschen?
Wie verändert sich die Pflanzenwelt?
Wie verändert sich die Tierwelt?
Die Fundstücke sollen zusammen mit den Fotos auf große Pappen aufgeklebt und in der Klasse aufgehängt werden, vielleicht auf einer runden Scheibe oder als „Band" rundumlaufend, um den Zyklus der immer wiederkehrenden Änderungen zu dokumentieren.

Text von „Erlebnisbereich Teich" mit freundlicher Genehmigung entnommen aus: ***Natur-Kindergarten****, Hrsg. Naturschutzzentrum NRW, Recklinghausen, 1990.*

Wer benutzt den Fluss?

Die Menschen nutzen den Fluss für viele Zwecke.

Wenn ein Fluss in der Nähe ist:
Unternehmt eine Exkursion dorthin und erkundet in Kleingruppen folgende Fragen:
Wie nutzen Menschen den Fluss? Sind Spuren davon zu erkennen?
Welche Menschen arbeiten am Fluss?
Welche Menschen nutzen ihn für Freizeitaktivitäten?
Vielleicht sind ja einige Menschen bereit, mit euch über ihre Aktivität am Fluss zu reden (Wasserpolizei, Angler, Ruderer, ...).
Welche Schiffe befahren den Fluss?
Was transportieren sie?

Wenn es einen Hafen in der Nähe gibt:
Welche Schiffe ankern im Hafen?
Was haben sie geladen? Wie erfolgt das Löschen der Ladung?
Wofür werden die Schiffe genutzt? Zum Fischen, Transportieren von Öl, Kohle, Autos ..., Militärschiffe?
Gibt es, wie auf einer Straße, Zeichen, die den Schiffsverkehr leiten und regeln?

Wenn kein Fluss oder Hafen in der Nähe ist, sucht im Lexikon oder in Büchern nach, was ihr zu dem Thema findet. Informiert euch auch in Büchereien.
Tragt das, was ihr über Flüsse und Hafen gelesen habt, in eurer Klasse vor.

Wasser-Straßen

Wasserstraßen früher

Die Menschen haben schon früh damit begonnen, das Wasser als Transportweg zu benutzen. Inzwischen gibt es zwar viele Automobile, Lastwagen, Flugzeuge und Eisenbahnen, die Güter transportieren können. Aber die Flüsse sind als Wasserstraßen immer noch sehr wichtig für die Menschen.

Erkundet folgende Fragen:
Wie wurden Wasserstraßen eigentlich früher genutzt? Sucht euch Bücher in der Bibliothek oder besucht ein Museum.
Was wird alles auf den Wasserstraßen transportiert? Vielleicht kann man von der Form der Schiffe auf ihre Ladung schließen. Ein Anruf beim Schifffahrtsamt (Nummer steht im Telefonbuch) hilft euch, eure Zweifel zu beseitigen. Vielleicht kommt ja ein Angestellter des Schifffahrtsamts in eure Klasse und ihr könnt ihn direkt fragen.

Was bedeuten die Bojen im Wasser?
Es gibt natürliche und künstliche Wasserstraßen. Worin besteht der Unterschied?
Wozu werden künstliche Wasserstraßen gebaut?
Wer kennt künstliche Wasserstraßen?

Wasserstraßen mit Hindernissen

Flüsse als Wasserstraßen zu nutzen, ist nicht immer ganz einfach. Was könnte verhindern, dass Flüsse oder Ströme mit Booten und Schiffen befahren werden können?

Sammelt alle Gründe, die euch einfallen und überlegt, ob man das Problem lösen kann.
Seht auch auf dem Blatt **Schleusen und Schiffshebewerke** nach.

Wasserstraßen heute

Schleusen und Schiffshebewerke

Flusswasser fließt von der Quelle bis zur Mündung bergab. Kanäle, als künstliche Wasserstraßen, verlaufen waagerecht. Hier werden die Höhenunterschiede durch Hebewerke oder Schleusen überwunden. Hebewerke oder Schleusen gibt es auch bei natürlichen Flüssen. Sie wurden von Menschen da eingebaut wo das Wasser zu steil bergab fließt, zum Beispiel an einem Wasserfall. Da wurde von dem natürlichen Fluss ein Kanal, also ein künstlicher Seitenarm abgezweigt in dem das Hebewerk sich befindet.

Besonders viele von diesen Schleusen und Hebewerken befinden sich in der Mosel.

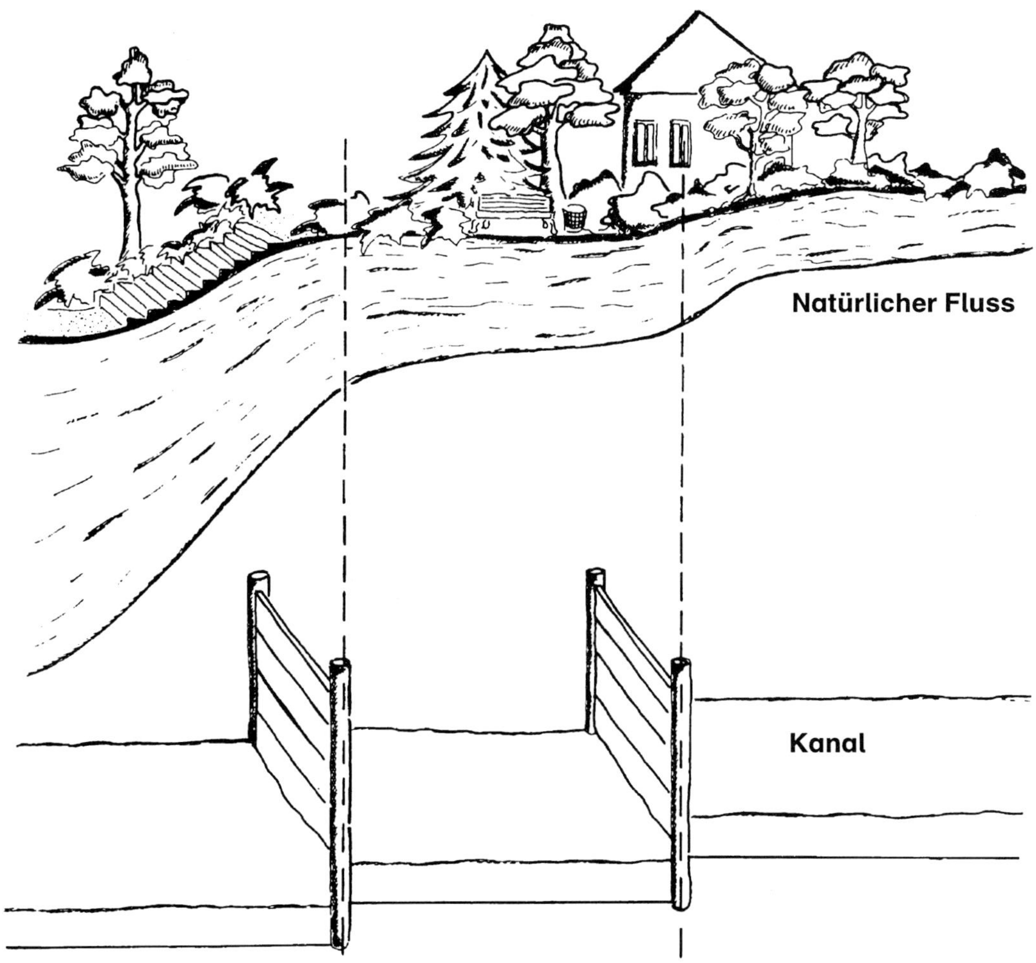

So funktioniert eine Schleuse:

Zwischen den beiden Kanälen befindet sich die Schleusenkammer. Wenn ein Schiff von dem höheren Kanal in den niedrigeren fahren will, passiert Folgendes: Erst wird durch das Füllrohr so viel Wasser vom höheren Kanal in die Schleuse geleitet, bis es in der Schleuse und im Kanal gleich hoch steht. Dann kann das Schiff in die Schleusenkammer fahren.
Ist es in der Schleuse, dann wird von dort durch das Entleerungsrohr Wasser abgelassen. Das Wasser fließt in den niedrigeren Kanal, so lange, bis es in der Schleuse genauso hoch ist. Dann kann das Schiff also einfach in den niedrigeren Kanal fahren.

Wie das klappt, wenn ein Schiff vom niedrigen in den höheren Kanal will, das ist jetzt sicher ganz einfach. Versuche mal, es zu erklären.

Schleusenbetrieb

So funktioniert ein Schiffshebewerk:

Zwischen den beiden Schleusen ist das Schiffshebewerk. Wie mit einem Aufzug werden die Schiffe darin hoch- oder runtergefahren. Sie schwimmen dabei wie in einer großen Badewanne im Wasser.

Schiffshebewerk

Vom Regnen und Verdunsten

Der natürliche Kreislauf des Wassers

Das Kapitel ist so aufgebaut, dass die Kinder über kleine Versuche und einfache Erklärungen das Phänomen „Wasser verdunstet" verstehen lernen. Einen so abstrakten Vorgang, der zudem auch mit den Sinnen nicht wahrnehmbar ist, zu vermitteln, dazu bedarf es unter Umständen neben den Versuchen dieser Mappe noch der begleitenden Hilfestellungen seitens der Lehrerin.

Wasserteilchens Luftabenteuer ist ein guter Anlass, die Tatsache zu verdeutlichen, dass kein Tropfen Wasser in der Natur wirklich verloren gehen kann.
Zum „natürlichen Wasserkreislauf" gehören natürlich auch die Pflanzen ganz entscheidend mit dazu. Die Beobachtung, dass Pflanzen Wasser „gebrauchen" und über die Blätter verdunsten, kann dann in die Beschäftigung mit der Frage übergehen: „Was machen die Pflanzen mit dem Wasser?"

Wortliste

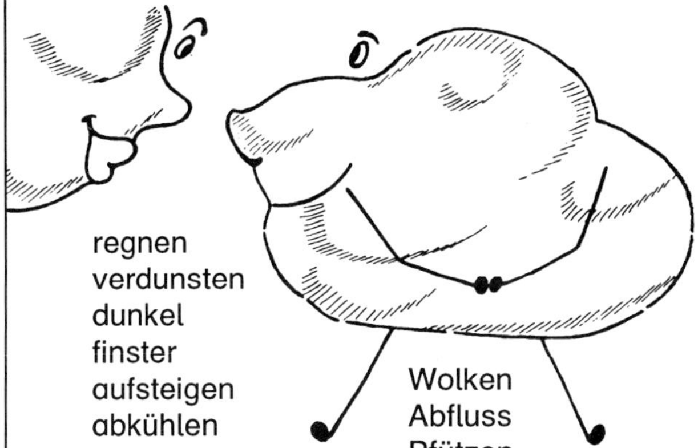

regnen
verdunsten
dunkel
finster
aufsteigen
abkühlen
versickern
fallen
verschwinden
unsichtbar
kondensieren
trocknen

Wolken
Abfluss
Pfützen
Gummistiefel
Schatten
Dampf
Kreislauf
Dunst

Wie wird das Wetter heute?

Regeneis, Schneenebel und Wolkenbogengewitter

In diesem Kapitel haben wir speziell Gewitter und Regenbogen als faszinierende Wetterphänomene für die Kinder in einfachen Worten erklärt und mit kleinen Versuchen oder Bastelanleitungen verständlich gemacht. Der „Gewitter-Versuch" ist im Übrigen völlig harmlos – es brizzelt höchstens ein bisschen in den Fingern.
Auf Hagel, Reif, Tau und Schnee näher einzugehen, haben wir verzichtet. Einfache Erklärungen dazu finden sich in anderen Büchern zum Thema.
Es gibt mehrere Möglichkeiten, mit den Kindern ein Hygrometer herzustellen. Bei dem von uns vorgestellten funktioniert das Silberpapier fast wie ein Bi-Metall.
Einfacher ist vielleicht der von Peter Lustig in seinem bereits empfohlenen Bastelbuch vorgestellte „Zapfen-Zeiger".

Wortliste

abkühlen
kondensieren
trocknen
frieren
schweben
schneien
hageln
entladen
elektrisch
erhitzen
aufquellen
feucht
klamm
Regenbogen
Spektralfarben
Luftfeuchtigkeit
Hygrometer
Tau

Tropfen
Reif
Frost
Nebel
Eiskugeln
Hagel
Hagelkorn
Schnee
Schneekristalle
Schneeflocke
Wetter
Vorhersage
Gewitter
Blitz
Donner
Funken
Elektrizität

Regen

Regenschirme

Wenn die ersten Tropfen fallen,
lustig auf das Pflaster knallen,
blühen sie wie Blumen auf.
Bunt gestreifte,
bunt gefleckte,
bunt getupfte,
bunt gescheckte
nehmen fröhlich ihren Lauf.

Seit die ersten Tropfen fielen,
schweben sie auf dünnen Stielen,
leuchtend schimmernd,
rund und glatt.
Bunt gestreifte,
bunt gefleckte,
bunt getupfte,
bunt gescheckte
Schirme blühen in der Stadt.

Vera Ferra-Mikura

aus: Stadt der Kinder, Gedichte für Kinder, Hrsg. H.J. Gelberg, Georg Bitter Verlag 1982.

Zu diesem Gedicht könnt ihr ein Regenschirmbild machen. Malt alle Schirme so bunt und lustig, wie sie hier beschrieben sind.

Regen-Fragen

Es regnet wie aus Eimern. Gerade eben noch hatte die Sonne geschienen. Plötzlich war es finster geworden. Dunkle, grauschwarze Wolken hängen nun fett am Himmel und regnen, regnen, regnen. Lucas und Inga sind allein im Haus. Sie stehen am Fenster und schauen zu, wie die Menschen erschrocken in Hauseingänge flüchten. Die Bäume biegen sich unter dem Wind, der manchmal die Tropfen durch die Luft und gegen die Fensterscheiben wirbelt. Das Wasser läuft die Straße hinunter und versickert in den Gullys. Lucas schaut Inga an: „Woher kommt der Regen?“, fragt er. „Aus den Wolken“, sagt Inga. „Und wie kommt er in die Wolken?“, fragt Lucas. „Hmm!“, überlegt Inga. „Wohin geht der Regen eigentlich?“, fragt sie plötzlich.
„In den Abfluss, die Gullys, das habe ich selbst gesehen“, sagt Lucas. „Aber von da, wohin geht das Wasser?“ „Hmm“, sagt jetzt auch Lucas nachdenklich.
„Weißt du was“, sagt Inga da plötzlich, „wir schreiben jetzt alle Fragen auf, die wir zum Regen haben. Und die legen wir Mama und Papa vor. Mal sehen, ob die sie beantworten können.“ „Bestimmt nicht!“, vermutet Lucas.

Habt ihr auch Fragen zum Regen? Schreibt sie alle auf einen Zettel und versucht, sie in der Gruppe zu beantworten. Wo ihr gar keine Antwort wisst, schaut in Büchern nach.

Wasser verdunstet

„Wasser verschwindet einfach!“, behauptet Inga.
„Nein“, sagt Sabine, ihre ältere Schwester, „Wasser verdunstet!“ „Ist mir egal!“, sagt Lucas. „Weg ist weg!“ „Eben nicht“, sagt Sabine. „Kommt mal mit!“
Sie geht in die Küche, füllt einen Topf mit ein wenig Wasser und stellt ihn auf die Herdplatte und schaltet den Herd an. Nach kurzer Zeit kocht das Wasser.
„Seht ihr den Dampf, der hochsteigt?“, fragt sie. „Das ist Wasser. Wenn Wasser warm gemacht wird, dann verwandelt es sich zu Dampf und schwebt nach oben.
Es verdampft!“
„Und das Wasser aus den Pfützen?“, will Lucas wissen.
„Das verdampft auch. Es wird von der Sonne erwärmt und verdampft. Das passiert nur langsamer als auf dem Herd.“
„Aber man sieht doch gar keinen Dampf dabei“, sagt Inga. „Wenn Wasser verdampft, dann ist es meistens unsichtbar. Nur wenn es ganz heiß wird, dann sieht man Dampf. In der Luft gibt es ganz viel unsichtbares Wasser, das sich in Dampf verwandelt hat.“
Nach einer Minute dreht sie den Deckel um. „Oooh!“, staunt Lucas. Unter dem Deckel sind ganz viele Wassertropfen.

Könnt ihr euch erklären, wie die dahin kommen?
Sabine nimmt den Deckel in die Hand und hält ihn über den Topf, in dem immer noch das Wasser kocht. „Autsch, heiß“, sagt sie und nimmt sich einen Topflappen. Damit hält sie den Deckel jetzt über den Topf.

Der Wasserkreislauf

Inga ist immer noch neugierig. „Und was passiert mit dem Wasser, das verdampft? Bleibt das jetzt immer unsichtbar in der Luft?“ „Wartet“, sagt Sabine, „ich zeige euch mal was!“
Sie holt ein Buch hervor, darauf steht:

Wasserteilchens Luftabenteuer

Lange war es unterwegs gewesen, das kleine Wasserteilchen. Den ganzen Tag war es nun schon den Bach heruntergeschwommen, dann den großen Fluss. Schließlich war es im großen und weiten Meer gelandet. Überall waren andere Wasserteilchen, über und neben dem kleinen Wasserteilchen. Sie hielten sich alle aneinander fest, denn sie wollten so gerne zusammenbleiben.

Irgendwann einmal wurde das kleine Wasserteilchen mit seinen Freunden nach oben, an die Oberfläche des Meeres getrieben. Wie hell die Sonne schien! Und wie blau der Himmel war. Einfach wunderschön.
Aber heiß war es hier. Den Wasserteilchen wurde immer wärmer „Hört mal!“, sagte das kleine Wasserteilchen da zu seinen Freunden. „Ich muss euch mal loslassen, mir ist soooo heiß!“ „Uns auch“, sagten die Freunde.

Aber kaum hatten sie sich losgelassen, da wurde ihnen auch schon ganz leicht zu Mute. „Ich fliege, ich fliege!“, rief das kleine Wasserteilchen verwundert. „Wir auch!“, riefen seine Freunde! War das toll, so durch die warme Luft zu sausen. Und immer weiter ging es nach oben. Aber je höher sie kamen, desto kälter wurde es ihnen. „Mir ist so kalt“, jammerte ein kleines Wasserteilchen. „Mir auch!“, riefen ein paar andere.

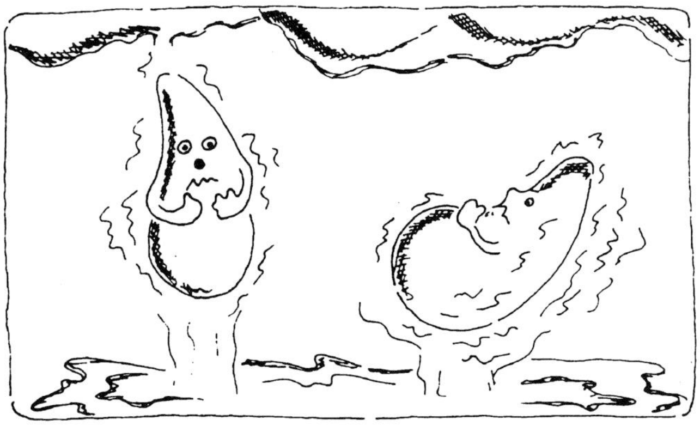

„Kommt doch her, wir wärmen uns!", rief ein großes, dickes Wasserteilchen. Alle Wasserteilchen, die nach oben geflogen waren, bildeten jetzt kleine Gruppen. Auch das kleine Wasserteilchen hatte ein paar Freunde gefunden, mit denen es sich eng aneinander kuschelte. Zusammen waren sie jetzt so groß wie ein kleiner Tropfen. Platsch! Da waren sie mit einem anderen Tropfen zusammengestoßen, der dicker und langsamer war. Platsch! Wieder hatte ein Tropfen ihren Weg gekreuzt.

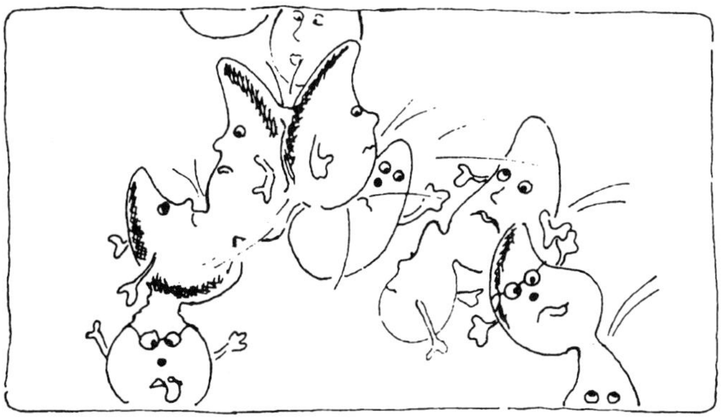

So wurden es immer mehr Wasserteilchen, die sich an der Gruppe des kleinen Wasserteilchens festhielten. Alle zusammen waren jetzt schon ein dicker, fetter Tropfen.

Das kleine Wasserteilchen schaute sich um. Überall ringsumher waren dicke Tropfen aus kleinen Wasserteilchen in der Luft. Und alle diese Tropfen zusammen bildeten eine Wolke.

Da kam ein großer Wind auf, der pustete die Wolke aus Wasserteilchen vom Meer weg, über das Land.

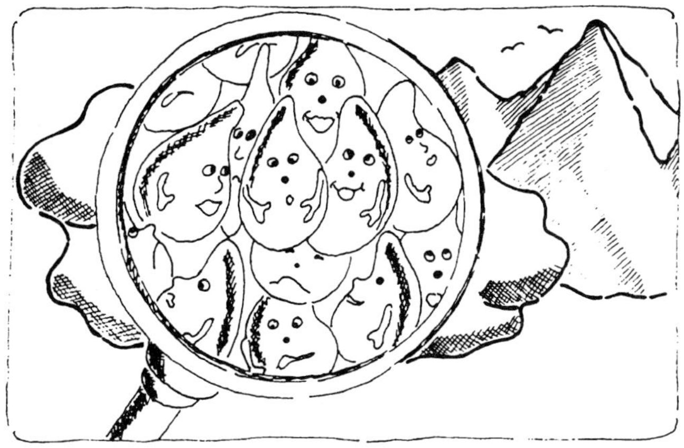

Bums! Platsch! Immer wieder stieß der Tropfen mit dem kleinen Wasserteilchen in der Mitte mit anderen Tropfen zusammen. Und er wurde immer schwerer und schwerer. Da näherte sich die Wolke einem Berg. Ganz schwer und dick, voller Regentropfen war sie jetzt. „Das schaffen wir nie, über den Berg!", riefen einige Tropfen von weiter vorne. „Wir sind zu schwer!" „Lasst euch fallen!", rief ein anderer. Nach und nach ließen sich die Tropfen aus der Wolke fallen.

Wie könnte das Abenteuer des kleinen Wasserteilchen weitergehen? Schreibt die Geschichte zu Ende. Malt auch ein paar Bilder dazu! Schneidet die Bilder in dieser Geschichte aus und klebt sie in das große Bild „Der Kreislauf des Wassers" ein.

Warum spricht man von einem **Wasserkreislauf**?

Der Wasserkreislauf

Klebt in diese Zeichnung die Bilder aus „Wasserteilchens Luftabenteuer“!

Verbrauchen Pflanzen Wasser?

Inga weiß Bescheid! „Kein Tropfen Wasser geht auf der Erde verloren!“, behauptet sie. Lucas überlegt lange. „Stimmt nicht!“, sagt er dann. „Die Pflanzen trinken das Wasser, aber sie pinkeln es nicht aus, wie wir Menschen oder die Tiere.“
Wo bleibt das Wasser, das die Pflanzen trinken?
Dazu ein paar Versuche, dann könnt ihr selbst entscheiden, wer von beiden Recht hat.

Versuch 1

Fülle drei Gläser gleich hoch mit Wasser. Markiere die Höhe des Wasserstandes. Schütte in das zweite und dritte Glas ein wenig Speiseöl, sodass eine Ölschicht auf dem Wasser schwimmt. In das dritte Glas steckst du aber noch einen Zweig mit frischen Blättern (von einem Baum, einer Hecke, ...)
Schaue jetzt eine Woche lang jeden Morgen nach. Was verändert sich? Woran könnte das liegen?

Versuch 2

Nachdem du eine Topfpflanze begossen hast, stelle sie in die Sonne. Stülpe (vorsichtig, damit die Pflanze ganz bleibt!) eine durchsichtige Plastiktüte über die grünen Pflanzenteile. Warte eine Stunde, zwei Stunden. Was stellst du fest?

Versuch 3

Fülle drei Flaschen mit der gleichen Menge Wasser. Stelle in die erste einen Zweig ohne Blätter, in die zweite einen Zweig mit wenigen Blättern und in die dritte einen Zweig mit vielen Blättern.
Nach einigen Tagen wirst du das Ergebnis deutlich sehen. Sicher kannst du es auch erklären!

Wusstet ihr schon?
An einem heißen Tag kann ein großer Baum ungefähr 50 Eimer Wasser trinken. Das ganze Wasser atmet er durch seine Blätter in die Luft aus – unsichtbar!

Was machen die Pflanzen mit dem Wasser?

Das Sellerie-Experiment

Das brauchst du:

ein Glas, ein Messer, frische Sellerie-stangen, Lebensmittelfarbe oder Tinte

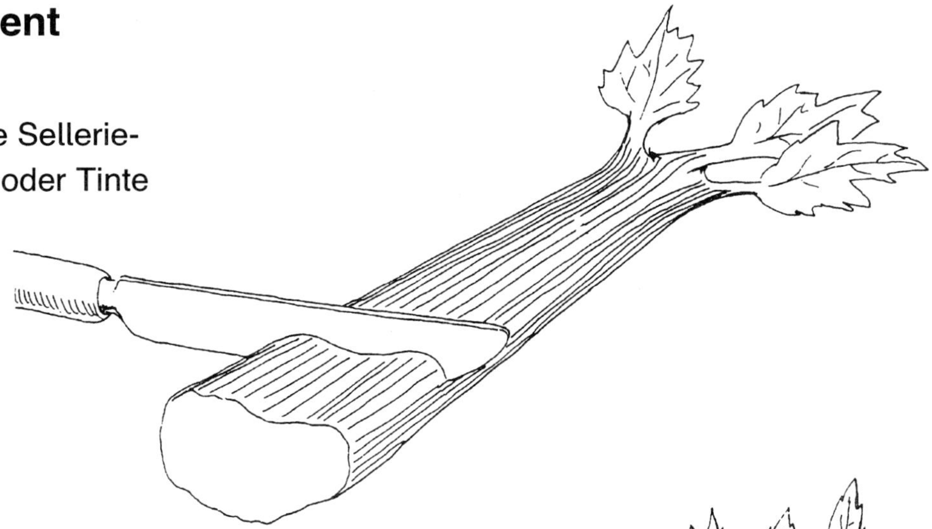

So geht es:

Färbe das Wasser im Glas mit einigen Tropfen Lebensmittelfarbe. Schneide vom Sellerie das untere Ende ab. Stelle den Sellerie in das Glas und schaue ab und zu danach. Kannst du eine Veränderung erkennen?
Nach einigen Stunden hat der Sellerie die Farbe ganz aufgetrunken. Schneide jetzt mit dem Messer dünne Scheiben von der Selleriestange ab. Schaue dir die Adern im Stamm genau an.

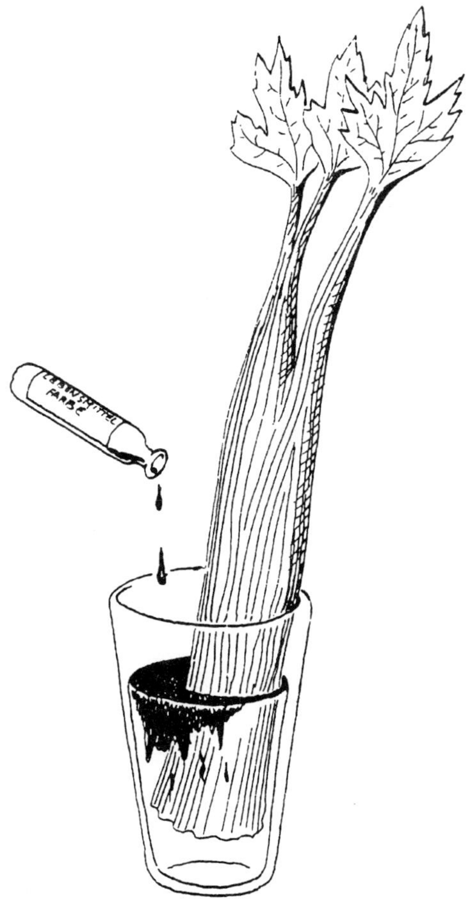

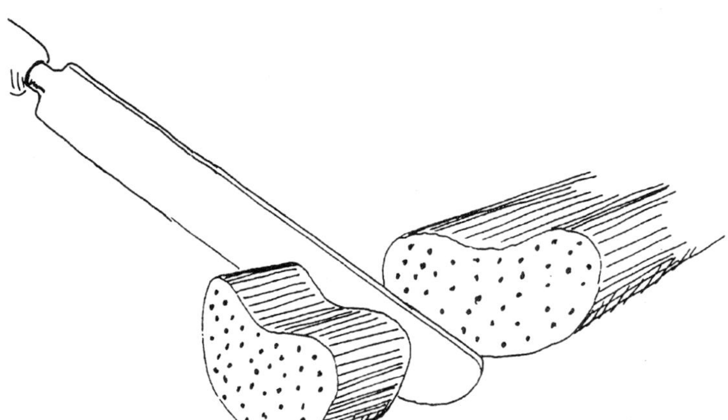

Was für ein Wetter ...

Gewitter

Wenn man die Wolken genau beobachtet, dann kann man das Wetter manchmal vorhersagen. Sieht man riesige, hohe, dunkle Wolkenberge aufziehen, dann wird sich wahrscheinlich ein Gewitter nähern, mit Donner und Blitz. Ein Blitz ist ein heißer, elektrischer Funken, der in den Wolken entsteht, bevor das Gewitter beginnt.
Der Donner entsteht, weil der Blitz die Luft ringsumher stark erhitzt. Dadurch entsteht eine riesige „Luftwelle“, die das Geräusch verursacht.

Du kannst einen Blitz erzeugen. Alles was passieren kann, ist, dass es ein bisschen in den Fingern prickelt.

Das brauchst du:
einen dicken Klumpen Plastilin, ein Kuchenblech aus Metall, einen großen Plastikbeutel oder Abfallbeutel aus Plastik, einen Metalldeckel.

So geht es:
Presse den Plastilinklumpen fest auf die Mitte des Blechs. Stelle das Blech auf den Beutel. Umfasse den Plastilinklumpen und reibe das Blech über den Plastikbeutel.

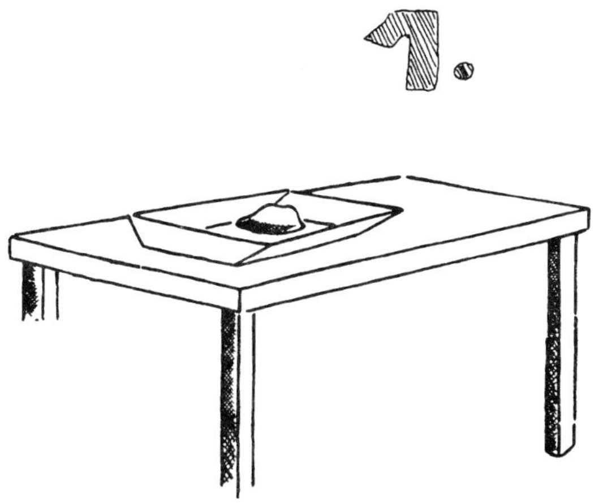

Nach einer Weile hebst du mit der einen Hand an dem Plastilin das Blech in die Höhe. Mit der anderen Hand hältst du den Blechdosendeckel ganz nahe an eine Ecke des Blechs. Dann wirst du einen Funken sehen, der vom Blech zum Deckel springt. Der Trick wirkt noch besser, wenn du ihn im Dunkeln ausprobierst.

Regenbogen

Es regnet noch ganz doll. Aber die Sonne steht schon tief im Westen und scheint unter die Wolkendecke.
„Guck mal da, der Regenbogen“, staunt Lucas. „Schade, dass es so selten Regenbogen gibt!“ „Regenbogen kannst du selber machen!“, sagt Inga. „Aber nur, wenn die Sonne scheint!“

Regenbogen-Versuch

Das brauchst du:
eine Schüssel voll Wasser, einen Spiegel, der in die Schüssel passt, ein weißes Blatt Papier.

So geht es:
Stelle den Spiegel schräg in die Schüssel. Wenn die Sonne auf den Spiegel scheint, hältst du das Blatt Papier so, dass das Licht vom Spiegel genau darauf fällt.
Wenn du das Papier ganz ruhig hältst, siehst du einen Regenbogen.

Regenbogen-Farben

Ein Regenbogen hat immer die gleichen Farben, auch wenn man manchmal nicht alle sieht. Licht sieht für unsere Augen weiß aus. Aber in Wirklichkeit besteht es aus den sieben Farben Rot, Orange Gelb, Grün, Blau, Indigo und Violett. Indigo ist ein dunkles, graues Blau.
Alle diese Farben zusammen ergeben wieder Weiß. Du kannst das ganz einfach selbst ausprobieren.

Das brauchst du:
Eine runde Pappscheibe, Bleistift, Buntstifte mit den Farben Rot, Orange Gelb, Grün, Blau, Indigo und Violett.

So geht es:
Zeichne sieben gleich große Felder auf die runde Pappscheibe. Male die Felder mit je einer Regenbogenfarbe aus. Stecke den Bleistift durch ein Loch in der Mitte und drehe diesen Kreisel. Was geschieht?

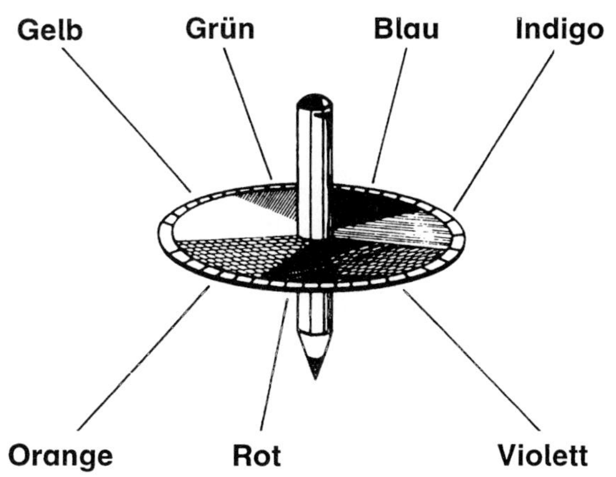

Wenn das Licht durch einen Wassertropfen geht, dann wird es in alle seine sieben Farben aufgespalten. Male einen Regenbogen mit allen sieben Regenbogenfarben.

Wetterbestimmung

Wenn es regnet, dann ist ganz viel Wasser in der Luft. Auch bei Nebel. Wenn die Sonne stark scheint, dann ist weniger Wasser in der Luft. Dann werden die kleinen Wasserteilchen nämlich mit der warmen Luft nach oben gezogen.
Wie viel Wasser in der Luft ist, das kann man mit einem Gerät bestimmen, das man **Hygrometer** nennt. Ein Hygrometer kann man leicht selber basteln.

Das brauchst du:
ein Holzbrett, weißes Papier, einen Nagel, Kaugummipapier (Silberfolie)

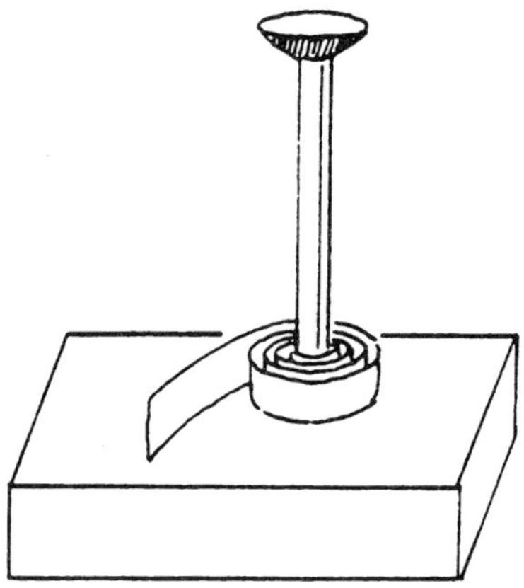

So geht es:
Klebe das Blatt auf das Holzbrett auf. Schlage den Nagel in die Mitte des Holzbrettes, so, dass noch mehr als 3 cm herausschauen. Von dem Kaugummipapier schneidest du jetzt einen Streifen von 5 mm Breite ab.
Das eine Ende des Kaugummipapiers klebst du am Nagel fest. Wenn es trocken ist, wickelst du das Silberpapier bis auf 2 cm fest um den Nagel. Die Metallseite des Papiers muss dabei nach außen zeigen.

So funktioniert es:
Wenn viel Wasser in der Luft ist, dann saugt das Papier Wasser auf und wird feucht. Dadurch quillt es auf und entrollt sich ein bisschen.

Wenn es sehr trocken ist, dann trocknet auch das Papier. Es rollt sich zusammen. Dadurch bewegt sich das Ende der Silberpapierrolle entweder zur einen oder anderen Seite.

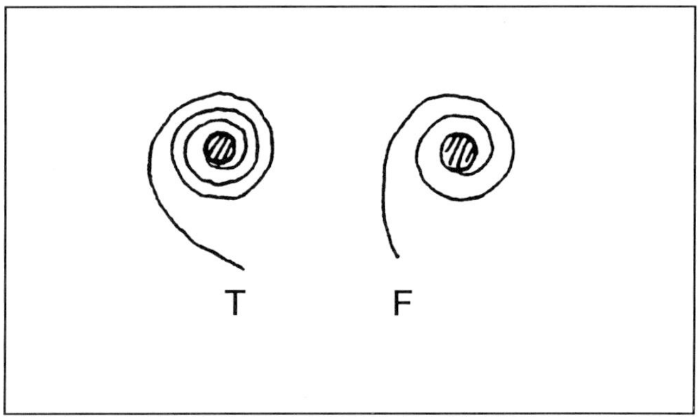

Stelle das Hygrometer bei Regen nach draußen an einen geschützten Ort, wo es nicht nass wird.
Mache an die Stelle, wo das Silberpapier nach einiger Zeit hinzeigt einen Strich. Schreibe daran „feucht“. Wenn die Sonne doll scheint, markierst du die Stelle, auf die das Ende zeigt, mit „trocken“.
Jetzt kannst du bei jedem Wetter ablesen, ob viel oder wenig Wasser in der Luft ist.

Wasser transportieren in Leitungen

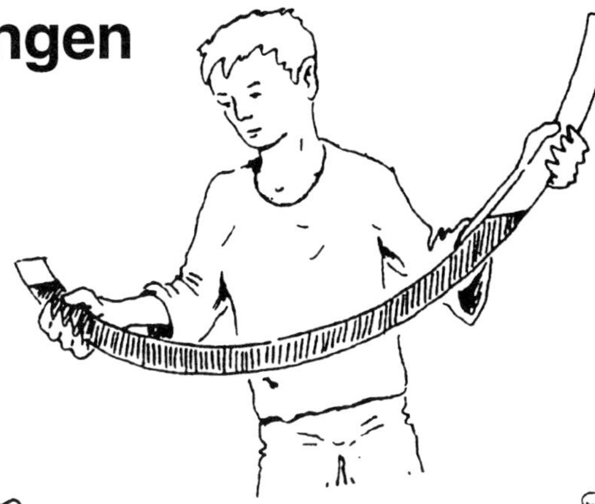

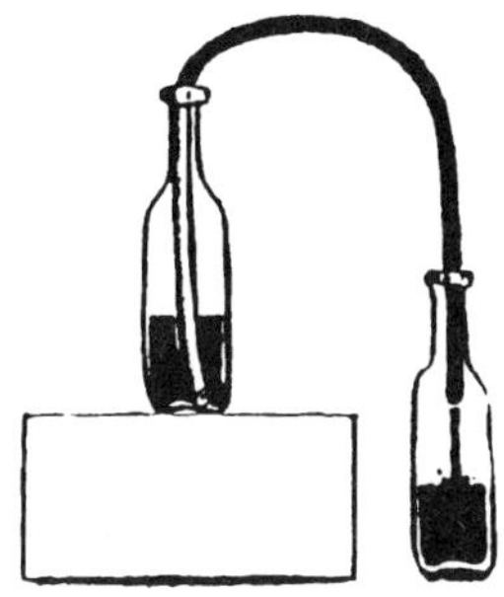

Ein Kapitel, bei dem wieder mehr Versuche, Basteleien und Tüfteleien möglich sind. Wichtig auch hier: ein Fundus an Behältern, möglichst aus Kunststoff, aber vor allem: Schläuche, insbesondere für das **Fantastische Leitungssystem**.
Beim Versuch mit der **Schlauchwasserwaage** sollte man die Kinder ruhig alleine die Lösung austüfteln lassen.
Für die **Wasserwaage** brauchen sie aber vermutlich noch Hilfestellung.

Die Versuche zum Leitungsnetz werden vermutlich auch zu der Frage führen: „Woher kommt eigentlich das Wasser, das wir aus dem Wasserhahn kriegen?“ Wir haben hier bewusst noch keine eigene **Information Wasserwerk** vorgesehen, da die Technik der Wasseraufbereitung wie auch die Begrifflichkeit (Grundwasser, Oberflächenwasser) für Grundschulkinder weitestgehend zu abstrakt sind.
Sinnvoll kann es aber sein, mit den Kindern eine Exkursion zum Wasserwerk zu unternehmen, unter Umständen auch, zu bestimmten Fragen einen Mitarbeiter des Wasserwerks einzuladen.

Wortliste

- Wasserhahn
- Leitung
- Wasserwerk
- Leitungsnetz
- Wasserwaage
- Trinkwasser
- Grundwasser
- Oberflächenwasser
- Filter
- Pumpe
- steigen
- fließen
- versorgen
- reinigen
- pumpen
- unterirdisch

Wasser transportieren

Wie kommt das Wasser in die Leitung?

Inga steht am Waschbecken und putzt sich die Zähne. Sie dreht den Wasserhahn auf und spült den Mund aus. Lucas steht draußen und sieht zu. „Du", sagt er schließlich, „wie kommt das Wasser eigentlich aus dem Wasserhahn?"
„Na, vom Wasserwerk wird es in die Leitungen geschickt und die gehen in jedes Haus."
„Aber wie das funktioniert, will ich wissen."
„Oh je", Inga seufzt. Woher soll sie das denn wissen?

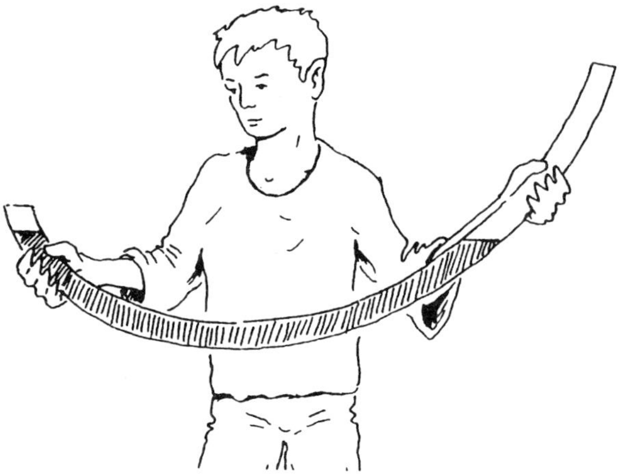

Versuch

Nimm einen durchsichtigen Plastikschlauch und fülle durch einen Trichter Wasser hinein. Der Schlauch soll nicht ganz voll sein. Nimm beide Enden in die Hände.
Bewege den Schlauch, hebe ein Ende hoch, dann das andere.
Wie verändert sich der Flüssigkeitsstand?

Wasser fließt bergauf

Lucas kommt ins Badezimmer zurück. In der Hand hält er einen Schlauch und einen Trichter.
„Mach bloß keine Überschwemmung", warnt Inga. „Was meinst du, warum ich ins Badezimmer gekommen bin?", erwidert Lucas. Er steckt den Trichter auf den Schlauch und lässt Wasser reinlaufen. Das Wasser plätschert durch den Schlauch in die Badewanne.
Inga stellt das Wasser ab. „So eine Verschwendung", sagt sie. „Quatsch!", meint Lucas.
Jetzt hebt er das untere Schlauchende hoch. Das Wasser läuft so lange noch aus dem Schlauch, bis das Schlauchende genauso hoch ist wie der Trichter.
Jetzt steht das Wasser im Schlauch auf beiden Seiten gleich hoch.
„Ich habe eine Idee!", ruft Inga. Sie steckt den Stöpsel ins Waschbecken und lässt Wasser einlaufen. Ein Ende des Schlauches hält sie hier ins Wasser.
Das andere hält Lucas in die Badewanne.

Nichts passiert „Komisch, das Wasser müsste doch von dem Waschbecken nach unten in die Wanne fließen“, meint Inga. „Aber dazu muss es ja erstmal ein Stück nach oben fließen, bis es aus dem Waschbecken raus ist!“, stellt Lucas fest. „Moment mal!“, sagt Inga. Sie denkt an ihren Strohhalm. Da kann Wasser ja auch nach oben fließen, wenn man saugt.

Und es fließt jetzt so lange von alleine weiter, bis das Waschbecken leer ist. „Oooh, Wasser **kann** ja bergauf fließen!“, staunt Lucas.
„Ja, aber nur, wenn es auf der anderen Seite herunter geht!“, sagt Inga.

Sie nimmt das tiefer liegende Ende des Schlauches in den Mund und saugt daran. Tatsächlich, das Wasser fließt.

Jetzt kommen den beiden natürlich viele Ideen. Lucas nimmt zwei Flaschen. Eine, mit Wasser gefüllt, steht ein bisschen höher als die andere, leere. Er steckt ein kurzes Stück Schlauch in die volle Flasche, saugt kurz daran und das Wasser fließt.
Aber nicht sehr lange. Wie lange? Probiert es selbst aus!

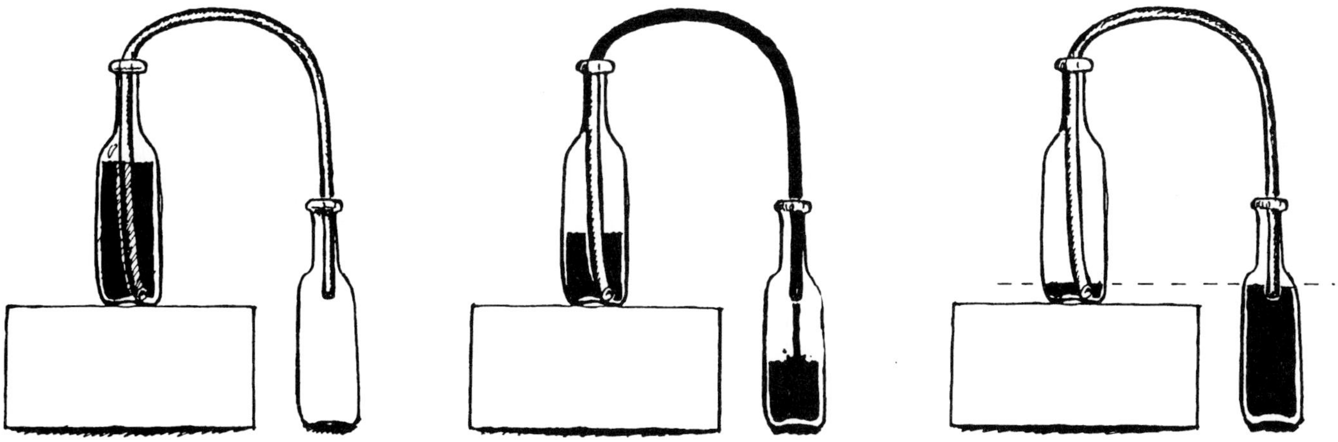

Fantastisches Leitungssystem

Denkt euch ganz ausgefallene Wege aus, die das Wasser nehmen soll.
Konstruiert aus Schläuchen und Flaschen ein fantastisches Wasserleitungsnetz.

Das braucht ihr:
viele Plastikbehälter (Flaschen, Becher), Schlauch, wasserdichtes Klebeband, Plastilin, Trichter.

So geht es:
Verbindet die Plastikbehälter durch Schlauchstücke. Bohrt dazu Löcher in die Plastikbehälter, steckt den Schlauch durch und dichtet das Loch um den Schlauch mit wasserfestem Klebeband oder Plastilin ab. Denkt euch abenteuerliche Konstruktionen aus.

Wenn ihr das gesamte Leitungsnetz fertig habt, dann könnt ihr (über einen Trichter) Wasser in das Netz laufen lassen. Am anderen Ende der Leitung sollte ein Bottich oder eine Wanne stehen, um das Wasser, das durchkommt, aufzufangen. Kommt das Wasser bis zum Ende durch? Wenn nicht, wie müsst ihr die Leitungen verändern? Schafft ihr es, das ganze Wasser durch das Leitungssystem in den Auffangbehälter zu schicken? Verändert die Konstruktion zwischendurch.
Beobachtet genau, wie sich das Wasser in den Schläuchen und Behältern verhält. Könnt ihr gewisse Regelmäßigkeiten erkennen?

Schlauchwasserwaage

Wasser steigt in einem Schlauch an beiden Enden gleich hoch.
Das kann man nutzen, um eine Schlauchwasserwaage zu bauen.
Wozu man die braucht? Na, wenn man zum Beispiel ein Bild im Rahmen mit zwei Nägeln an der Wand befestigen will. Das Bild soll natürlich gerade hängen. Aber wie kriegt man das hin? Man braucht nur ein Stück Schlauch und Wasser.
Alles andere könnt ihr selber austüfteln.

Wasserwaage

So könnt ihr auch eine richtige „Profi-Wasserwaage“ selber bauen.

Das braucht ihr:

ein Stück durchsichtigen Schlauch (50 cm), zwei Korkenstücke (von Weinflaschen) ein gerades Holzbrett (ungefähr 45 cm lang) Tinte, Spülmittel, Leitungsschellen (gibt es im Eisenwarenhandel oder im Baumarkt) oder Klebeband.

So geht es:

Schneidet zwei Korkenstücke so zurecht, dass sie den Schlauch völlig dicht verschließen.
Steckt ein Korkenstück in ein Schlauchende. Füllt den Schlauch mit Wasser bis auf eine Luftblase. Träufelt einige Tropfen Tinte und einen Tropfen Spülmittel ins Wasser. Verschließt jetzt den Schlauch mit dem zweiten Korkenstück.

Der Schlauch wird nun leicht nach oben gebogen und so auf dem Holzbrett mit Leitungsschellen oder Klebeband festgemacht. Dann stellt ihr das Brett auf eine garantiert waagerechte Fläche, markiert die Lage der Luftblase mit Filzschreiber und fertig ist die „Profi-Waage“!

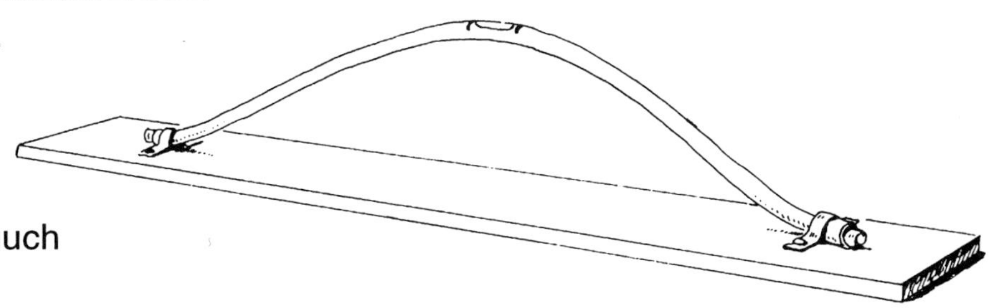

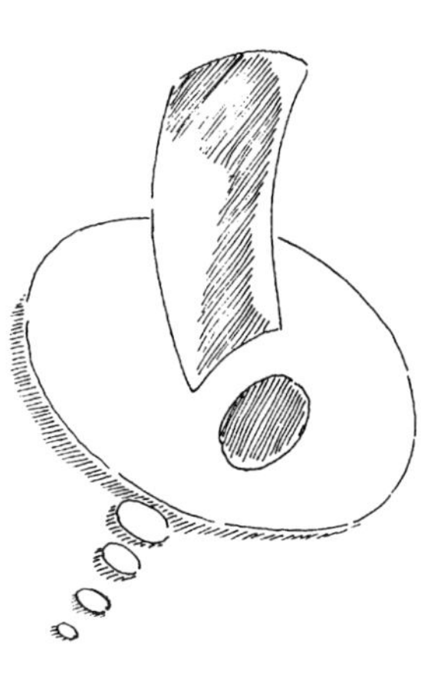

Wasser zu Hause

Wie viel Wasser benutzen wir?

Bei dieser Umfrage soll mit den Kindern zuerst erarbeitet werden:
- Wie führt man eine solche Befragung durch?
- Wen befragt man?
- Wie erstellt man einen Fragebogen (der natürlich sehr einfach gehalten sein müsste)?
- Wie wertet man die Ergebnisse hinterher aus?
- Was fängt man mit den gewonnenen Daten an?

Wortliste

schmutzig		
sauber	putzen	Suppe
rein	gießen	Spülwasser
waschen	klar	Spülmittel
kochen	schrubben	Seife
abtrocknen	verbrauchen	Wäsche
brauchen	wischen	Trinkwasser
tränken	abwaschen	Verbrauch
trinken	benutzen	Wäscheleine

Unser tatsächlicher „Ver“brauch

Bevor die Kinder den Wasserverbrauch in der eigenen Familie ermitteln, sollten auch hier einige Dinge vorher geklärt werden:
- Wie kann ich den tatsächlichen Wasserverbrauch ermitteln (– Wasseruhr)?
- Wie funktioniert eine Wasseruhr und wie lese ich sie ab?
- Wie halte ich den Wasserverbrauch fest? (– Beobachtungsbogen)?
- Wie muss ein solcher Beobachtungsbogen beschaffen sein und wie werte ich ihn aus?

Kochen

Ist das Wasser für's Kochen überhaupt notwendig? Die Kinder sollten aufzählen und sammeln, worauf sie verzichten müssten, falls es kein Wasser zum Kochen gäbe.
Getränke gäbe es vermutlich gar keine mehr – alle bestehen zum überwiegenden Teil aus Wasser.
Falls es in der Schule eine Kochmöglichkeit für die Kinder gibt, sollte sie für dieses Thema unbedingt genutzt werden. Kochen mit und ohne Wasser; kriegt man Kartoffeln auch ohne Wasser gar? (Klar, klein schnippeln und schmoren lassen!); ein „ganz normales“ Mittagessen, z.B. Nudeln mit Tomatensoße – wo brauche ich da überall Wasser; ...?

Waschen

Wenn möglich, sollte eine Kindergruppe in einem Supermarkt erkunden, welche verschiedenen Formen von Seifen es gibt, welche Verpackung welchem Zweck dienlich ist, etc.

Abwasch

Der Abwasch-Test bietet eine gute Einleitung für das nächste Kapitel Wasser säubern. Was passiert mit dem schmutzigen Abwasser? Wo geht es hin? Wie bekommt man es wieder sauber? (Kein Tropfen Wasser geht verloren!)? (–Kläranlage)

Vogeltränke

Für die Vogeltränke sollte das Know-how aus dem Bau der **Wasserdichten Behälter** nochmals verwendet werden: Wie bekommt man die Vogeltränke wasserdicht? Darüber hinaus: Wie muss sie beschaffen sein, damit sie Platz bietet für die Vögel und standfest genug ist, um eine „Vogellandung“ zu überstehen. Hier wäre es von Nutzen, wenn die Kinder mit Plänen und Skizzen vertraut gemacht würden.

Wasser im Haushalt

Kochen

Essen zubereiten mit und ohne Wasser.
Macht eine Liste. Was kann man völlig ohne Wasser kochen? Wozu braucht man unbedingt Wasser? Denkt auch an Getränke.

Kafteekao-Kleckerbild
Ihr braucht für jede Gruppe eine Tasse Kaffee, eine Tasse Kakao, eine Tasse Tee. Schaut sie euch genau an. Sehen sie gleich aus?
Legt ein großes Blatt auf den Boden. Taucht Pinsel in die Tassen und tropft die Getränke auf das Papier. Haben die Tropfen die gleiche Farbe? Kann man hinterher genau sehen, welche Tropfen vom Tee stammen, welche vom Kaffee und welche vom Kakao? Malt ein großes Kafteekao-Bild.

Wasserverbrauch

Nicht nur zum Trinken.
Wasser wird im Haushalt vielfältig genutzt. Nicht nur zum Trinken.
Macht eine Liste: Wozu braucht man Wasser im Haushalt?

Wie viel Wasser benutzen wir?
Macht einen Test über ein paar Tage, aber mindestens eine Woche. Sucht in eurem Haus die Wasseruhr. Notiert den Zählerstand morgens und abends und tragt ihn in einen Beobachtungsbogen ein. Vermerkt auch, wenn Waschmaschine oder Spülmaschine an waren, wenn der Rasen gesprengt wurde und so weiter.

Familie:			Personen:	
Datum	Zählerstand Morgens	Zählerstand Abends	Verbrauch	Wofür

Waschen

Seifen für verschiedene Zwecke

Seifen gibt es nicht nur zum Händewaschen.
Seife gibt's auch zum Spülen und zum ...
Welche verschiedenen Arten von Seifen und Seifenpulvern kennt ihr? Macht eine Liste.

Eine Bestandsaufnahme:

Geht in den nächsten Supermarkt. Wie viele verschiedene Seifen gibt es da? Wie viele verschiedene Waschpulver?
Wie viele verschiedene Spülmittel?
Unterscheiden sich die Verpackungen? Welche Verpackungen werden am häufigsten genommen?

Seifenreste-Seife

Aus den kleinen Seifenstücken, die übrig bleiben, wenn die Seife fast aufgebraucht ist, kann man gut neue Seife machen.

Das brauchst du:

kleine Seifenstücke, eine Reibe, einen Krug, Wasser, Stärkemehl, Duftöle, zerriebene Gewürze

So geht es:

Reibe die Seifenstücke und gebe sie in den Krug. Schütte so viel Wasser dazu, dass die Seife gerade bedeckt ist. Die Seife muss jetzt über Nacht einweichen. Am nächsten Morgen musst du das Wasser abgießen und die Seifenstücke mit deinen Händen formen. Wenn sie nicht kleben und auseinander bröseln, füge ein bisschen Stärkemehl hinzu.
Welche verschiedenen Formen für die Seife fallen dir ein? Du könntest Duftöle oder zerriebene Gewürze in die Seife kneten, um ihr einen außergewöhnlichen Duft zu geben. Wenn die Seifen fertig sind, müsst ihr sie natürlich ausprobieren. Waschen sie gut? Riechen sie gut? Wie gefällt euch die Form?

Abwasch

Wie viel Abwasch?

Wie viel gibt es bei euch zu Hause jeden Tag abzuwaschen? Überlegt euch zuerst mal, welche Sachen ihr zum Frühstück benutzt, Tassen, Teller, Schalen, Messer, ...
Was noch?
Wie viele Personen seid ihr beim Frühstück? Wie viele Tassen, Teller, Schalen, Messer ... sind das jeden Morgen zusammen?
Wer spült das alles?
Hilfst du manchmal?

Was braucht ihr zu anderen Mahlzeiten?
Welche Mahlzeit braucht am meisten Geschirr?
Wie viele Teller, Tassen, Gabeln, ... braucht ihr am Tag zu Hause?

Abwasch-Test

Wie bekommt man fettige Teller am besten sauber?

Das braucht ihr:
Speiseöl, Plastikteller, 3 Schüsseln, verschiedene Spülmittel.

So geht es:
Bildet drei Gruppen. Schmiert die Teller mit dem Speiseöl ein. Jede Gruppe bekommt ein anderes Spülmittel. Macht es einen Unterschied, welches Spülmittel genommen wird?
Nehmt einmal warmes und einmal kaltes Wasser zum Reinigen.

Fantasie-Seifenblasen

Das brauchst du:
lange Pfeifenreiniger, Spülmittel, Schüsseln

So geht es:
Forme aus den Pfeifenreinigern fantastische und interessante Seifenblasenpuster.

Verdrehe dazu die Enden der Pfeifenreiniger und forme die Schleife, wie es dir gefällt. Hier einige Beispiele:

Mischt aus Spülmittel Seifenflüssigkeit.

Welche Form haben die Seifenblasen?

Kleider trocknen

Wenn wieder einmal die Sonne scheint, könnt ihr testen, welches Stück Stoff am schnellsten trocknet.

Das brauchst du:
viele verschiedene Stücke Stoff, Kordel, Wäscheklammern

So geht es:
Schneidet aus den Stoffen gleich große Stücke.
Macht die Stoffstücke gleich nass.
Hängt sie jetzt zum Trocknen auf eine Leine.
Welche werden zuerst trocken? Ihr könnt Wetten abschließen.

Vogeltränke

Baut aus verschiedenen Abfallstücken und Plastikbehältern eine Tränke für Vögel. Sie darf nicht zu tief und zu eng sein, sonst können die Vögel sich nicht gefahrlos waschen. Außerdem muss sie standfest sein. Sonst kippt sie um, wenn ein Vogel darauf landet.

Waschen sich Tiere?

Wenn ihr Haustiere habt, dann könnt ihr sicher erzählen, wie sich Tiere waschen. Macht euch gegenseitig vor, wie die Tiere das tun.

Wasser säubern

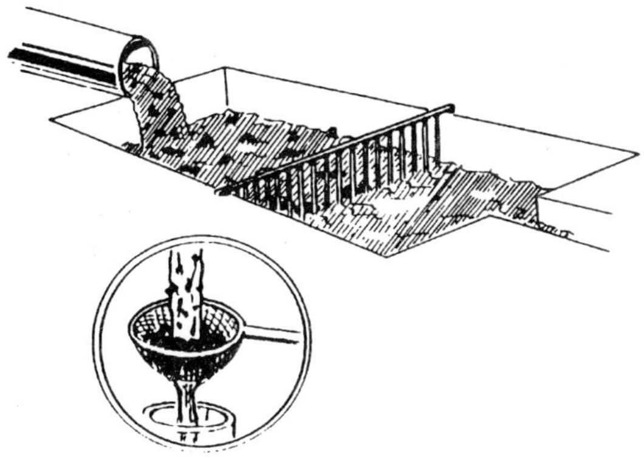

Wortliste

klären	
filtern	
mischen	
absetzen	
vermischen	
lösen	
Kläranlage	Filter
Klärbecken	Entsorgung
Abwasser	Destillation
Schmutzwasser	Bakterien

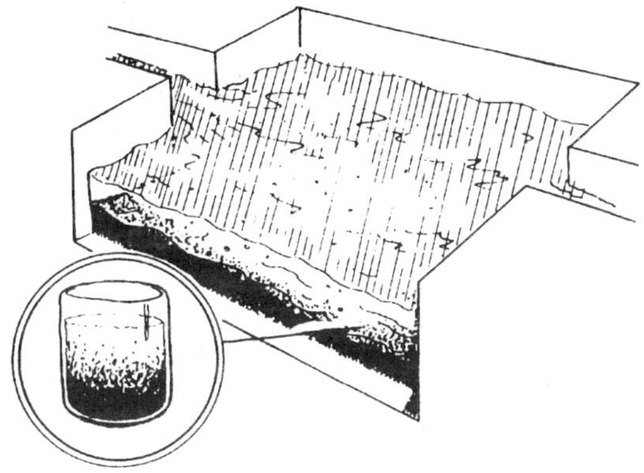

Dieses Thema ist so abstrakt, dass es am besten mit Hilfe verschiedener Versuche verdeutlicht wird. Die zielen zuerst darauf ab, die Auswirkungen verschmutzten Wassers zu zeigen.

Wenn die Kinder den Weg des (Ab-)Wassers verfolgen, dann werden sie automatisch auf die **Kläranlage** stoßen. Hier haben wir die Sachinformation weitgehend vereinfacht, auch das Schema der Kläranlage, um Verwirrungen durch zu viele Informationen möglichst gering zu halten. Das Nachklärbecken z.B. haben wir aus diesem Grund ausgelassen.

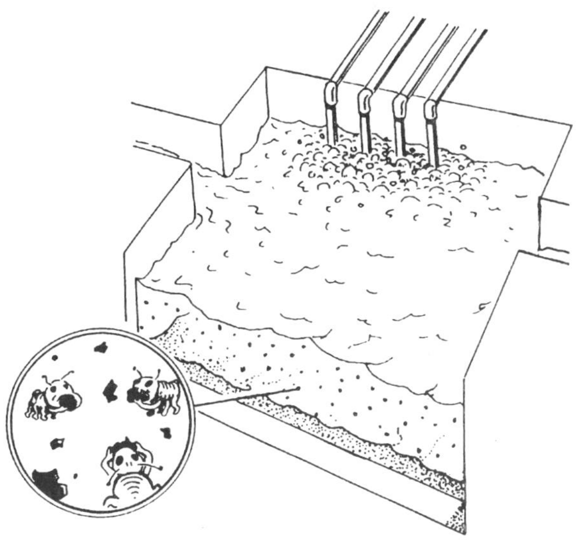

Was im Klärwerk passiert, kann man gut an einer Versuchsreihe feststellen, die mit den immer gleichen Wasserproben durchgeführt werden sollte. Vorsicht beim Umgang mit Motoröl und Reinigern. Sie sollten trotzdem in jedem Fall beim Anrühren der „Schmutzwassermischungen“ dabei sein.

Achten Sie auch darauf, dass nicht zu viele Wasserproben angemischt werden – es würde unnötig verwirren.

Hier wird ein erstes Verständnis für die Eigenschaft von Wasser vermittelt, sich mit einigen Stoffen zu vermischen, mit anderen nicht. Entsprechend ist die Möglichkeit, Stoffe wieder aus Wasser herauszufiltern, groß oder klein.

Für die Reinigungs-Versuche sollten unbedingt Beobachtungsbögen angelegt werden. Die Aufgaben könnten so verteilt werden, dass jeweils zwei Kinder für eine Wasser-Mischung zuständig sind und mit dieser alle Versuche, vom Mischen der Stoffe bis hin zur Destillation durchführen und auf dem Beobachtungsbogen festhalten.

Für die Destillation wäre ein Halter, an dem der Deckel angebracht ist, von Nutzen.

Wasser säubern

Alle verschmutzen Wasser

Wer Wasser im Haushalt nutzt,
der verschmutzt es auch.
Überlegt euch, wo überall Wasser
verschmutzt wird und womit.
Macht eine Liste.

Tätigkeit	verschmutzt durch
Nudeln kochen	Öl, Fett, Gewürze
Malen	Farben

Versuch

Wie wirkt sich verschmutztes Wasser auf das Wachsen von Pflanzen aus? Das könnt ihr selbst testen.

Das braucht ihr:
mehrere flache Schälchen mit Blumenerde, Kressesamen, verschieden verschmutztes Wasser

So geht es:
Sät in jedes Schälchen Kressesamen. Stellt die Schälchen nebeneinander auf die Fensterbank und begießt sie regelmäßig mit dem verschmutzten Wasser. Gießt dabei ein Schälchen immer mit öligem Wasser. Ein anderes mit Wasser, in dem Spülmittel ist. Ein anderes mit Wasser, in dem Waschpulver ist. Ein anderes mit Farbwasser vom Malen. Ein anderes mit Flusswasser. Ein anderes ... Ein Schälchen gießt ihr mit normalem Leitungswasser, damit ihr einen Vergleich habt. Klebt kleine Zettel an die Schälchen. Darauf notiert ihr, womit sie gegossen wurden, damit ihr die Schälchen nicht verwechselt.

Beobachtet die Kresse regelmäßig. Macht einen Beobachtungsbogen, auf dem ihr das Wachstum der Pflanzen beschreibt.

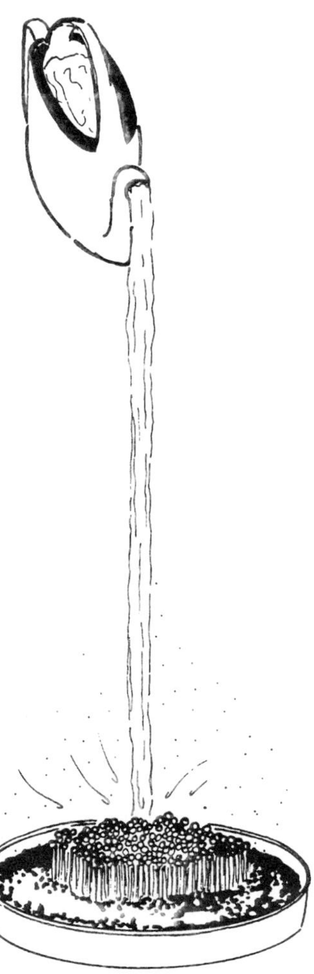

Schmutzwasser – wohin?

Lucas ist ganz zufrieden mit dem Bild, das er gemalt hat.
Er legt es zum Trocknen ans Fenster.
Dann wäscht er die Pinsel am Waschbecken aus und schüttet das Farbwasser weg.
Inga steht im Türrahmen. „Wohin geht eigentlich das schmutzige Wasser?", fragt sie.
„Weg!", sagt Lukas. „Weg ist weg!"
„Aber es muss doch irgendwo hingehen. Kein Tropfen Wasser auf der Erde geht verloren. Das haben wir gerade erst gelernt."
Also ist weg doch nicht weg? Wohin geht denn nun das schmutzige Wasser?

Inga und Lukas machen sich sofort auf den Weg. Sie wollen herausfinden, wohin das schmutzige Wasser aus den Wohnungen läuft. Könnt ihr ihnen dabei helfen?

Kläranlage – Information

Unser schmutziges Wasser (Abwasser) fließt aus jedem Haus und jeder Fabrik in große Rohre. Unterirdisch, unter den Straßen, wird es durch die Abwasserrohre bis zu einer Kläranlage transportiert. Dort wird versucht, das Wasser wieder sauber zu machen.

Erst dann wird es schließlich in einen Fluss geleitet.

So funktioniert eine Kläranlage:

Zuerst läuft das Wasser durch ein Gitter, wo der grobe Schmutz hängen bleibt. Das funktioniert so wie bei einem Küchensieb, in dem die großen Stücke hängen bleiben. Da sieht man dann, was die Leute alles so in den Abfluss werfen: alte Lappen, Dosen, sogar Uhren, Schmuck und Gebisse.

Schreibt eine lustige Geschichte: „Wie kam das Gebiss ins Klärwerk?" Überlegt euch, was alles im Gitter der Kläranlage landen könnte. Wie ist es wohl dahin gekommen? Erzählt euch gegenseitig die Geschichten der Abfallstücke.

Danach kommt das Wasser in ein großes Becken. Darin sinken der Schlamm und der ganze Dreck zu Boden. Das ist so wie bei einem Glas Wasser, in das ihr Sand und Dreck schüttet. Rührt alles zusammen um und wartet dann ein paar Minuten. Sand und Dreck sind nach unten gesunken, weil sie schwerer sind als Wasser.
Vom **Absinkbecken** wird das Wasser in ein anderes Becken gepumpt. Hier wird viel Luft durch das Wasser geblasen, damit sich ganz viele **Bakterien** entwickeln.

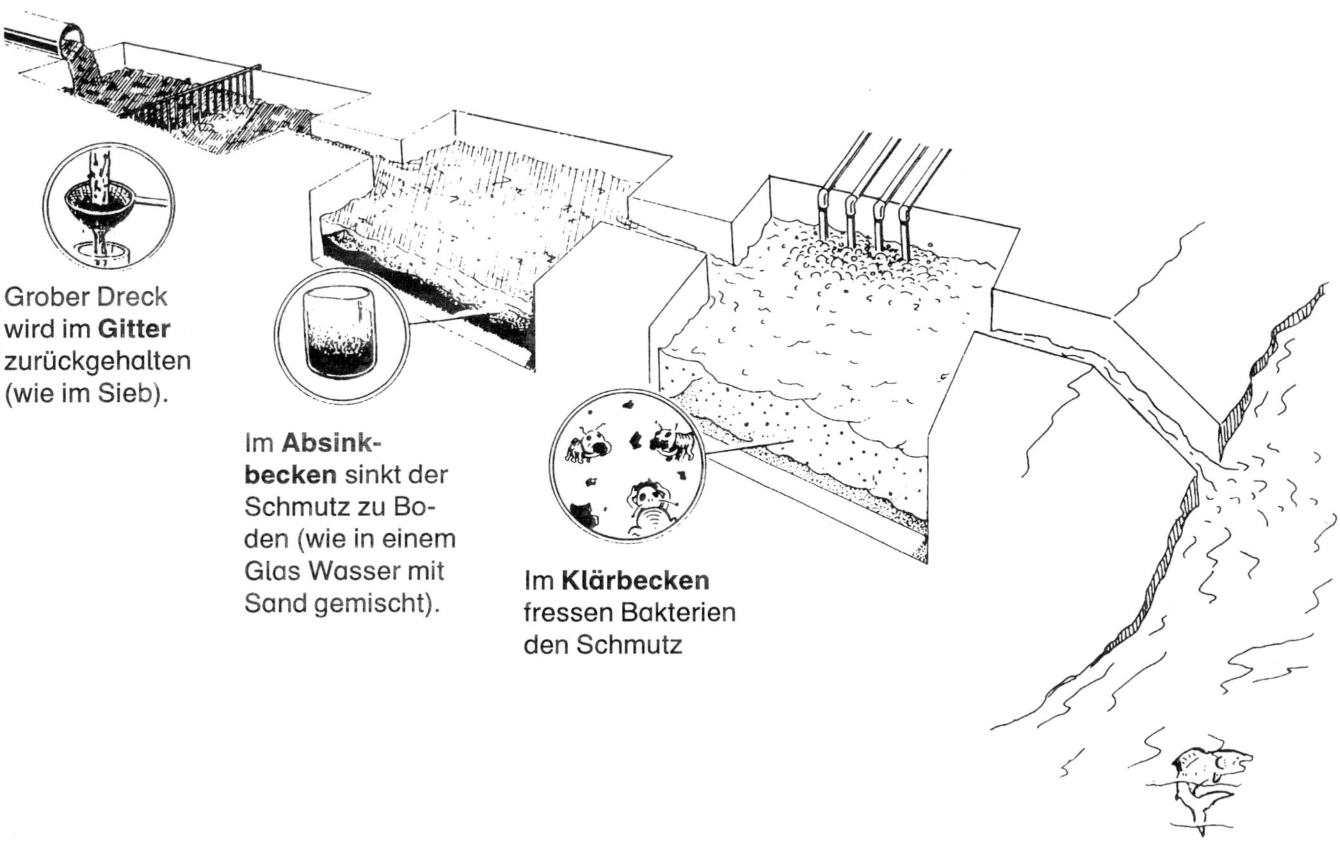

Bakterien sind ganz kleine Lebewesen, die den Schmutz im Wasser auffressen. Danach wird das Wasser meistens wieder in einen Fluss geleitet.

Ruft in eurem Klärwerk an und fragt, ob jemand vorbeikommt und euch genau erklärt, wie das mit dem Säubern des Wassers funktioniert.
Vielleicht zeigt er euch auch die großen Kanäle unter der Stadt und lädt euch zu einer Besichtigung ins Klärwerk ein. Dann könnt ihr auch gleich fragen, wo der Schlamm aus dem ersten Klärbecken hinkommt. Da sind nämlich jede Menge Giftstoffe drin.
Und ob das Wasser wirklich total sauber ist, wenn es aus der Kläranlage kommt.
Die Bakterien mögen nämlich nicht alles.
Sie fressen zum Beispiel
- kein Gift (Insektenvernichtungsmittel)
- kein Waschmittel
- kein Öl
- keinen Tabak.

Was passiert mit diesen Stoffen im Wasser?

Wasser reinigen

Ein paar Versuche

Das braucht ihr:

viele Gläser mit Wasser, außerdem etwas Zucker, Salz, Butter, Tee, Kaffee, Sand, Speiseöl, Motoröl, Tuschefarbe, Kreide, Spülmittel, Fußbodenreiniger, Toiletten-reiniger, Waschmittel, Weichspüler, ..., was euch einfällt

So geht es:

Verrührt in jedem Glas einen anderen Stoff. Manchmal müsst ihr kräftig umrühren.
Klebt auf jedes Glas nun einen Zettel. Darauf schreibt ihr, was ihr ins Wasser getan habt. Dann könnt ihr die Gläser auch nicht vertauschen.
Mit diesen Mischungen könnt ihr jetzt verschiedene Versuche machen.
Macht für jede Mischung einen Zettel. Auf dem notiert ihr, was ihr im Wasser gelöst habt und wie sich die Mischung bei den Versuchen verhält.

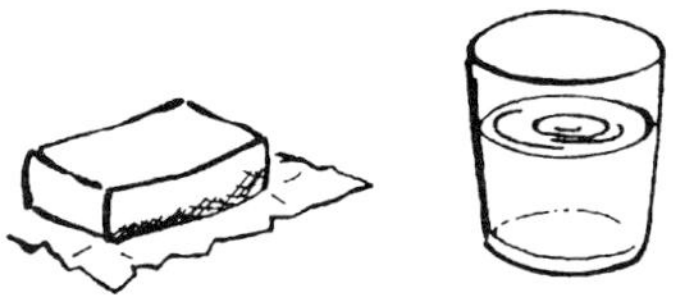

Versuch 1

Mischen sich die Stoffe gut mit dem Wasser? Mischen sie sich überhaupt? Wie sieht die Mischung nach einer Stunde aus? Wie hat sie sich nach einem Tag verändert? Notiert eure Beobachtungen auf den Zetteln für jede Mischung.

Versuch 2

Mischen sich die Stoffe besser im warmen oder kalten Wasser?
Wenn die Stoffe sich im **kalten** Wasser nicht gut lösen, gebt nochmal die gleiche Menge von diesem Stoff in **warmes** Wasser.
Klappt das Vermischen jetzt besser?

Versuch 3

Schüttet von jeder Mischung ein bisschen auf kleine Teller.
Stellt diese auf die Heizkörper oder in die Sonne.

Was bleibt auf den Tellern übrig, wenn das Wasser verdunstet ist?
Macht wieder Notizen.

Versuch 4

Das brauchst du:

in der gleichen Anzahl wie Wassermischungen: Blumentöpfe, Gläser, auf deren Rand du die Blumentöpfe stellen kannst; kleine Gläser (Reagenzgläser am besten); außerdem alles Mögliche, was Wasser durchlässt, aber vielleicht den Schmutz abhält: Sand, Kies, Watte, Zeitungspapier, Erde, Kaffeefilterpapier einen Schwamm und was dir noch einfällt

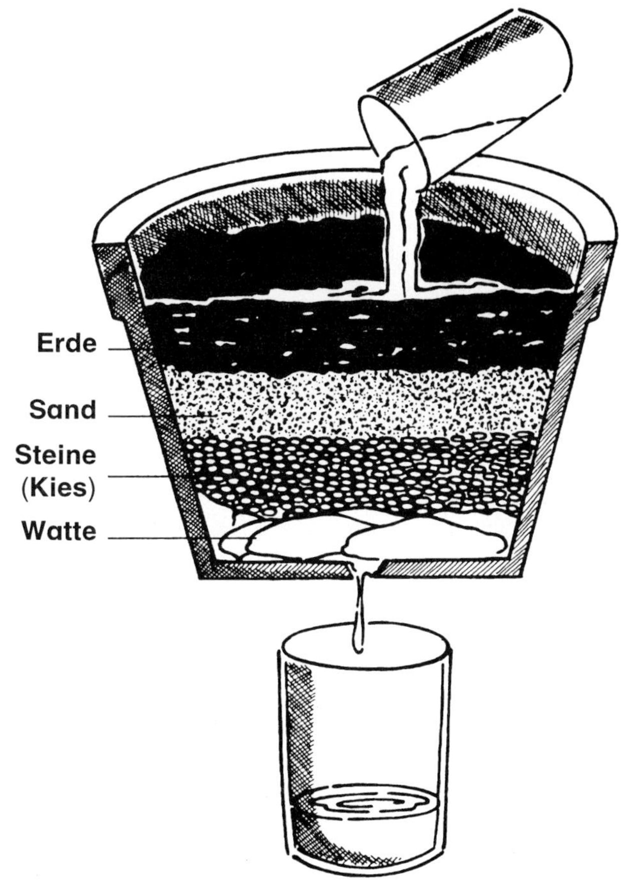

So geht es:

Baue dir Filtergefäße aus den Blumentöpfen.
Dazu legst du auf das Loch im Blumentopf am besten erstmal dick Watte, damit die Erde oder Steinchen nicht gleich mit durchflutschen. Darauf füllst du dann deine Filtermasse. Du kannst entweder verschiedene Filterstoffe übereinander schichten oder oben nur Sand oder einen Schwamm oder etwas anderes, wie du willst. Wichtig ist nur, dass in allen Blumentöpfen die gleiche Filtermasse ist, sonst kannst du die
Ergebnisse nicht vergleichen. Notiere die Zusammensetzung des Filters auf deinem Zettel.
Gieße jetzt die Wassermischungen vorsichtig und langsam in das Filtergefäß.
Warte bis sie durchgelaufen ist.
Wie sieht das gefilterte Wasser aus?
Riecht es anders als vorher?
Notiere alles auf deinem Zettel.

Ist das Wasser jetzt sauber?

Um es ganz genau festzustellen, braucht man Apparate, wie es sie in chemischen Labors gibt. Aber es gibt natürlich auch einfachere Methoden, um das herauszubekommen. Notiert die Ergebnisse eurer Untersuchungen immer auf den Zetteln.
Ist alles rausgefiltert worden?
Das kannst du noch genauer ermitteln.

Gieße etwas von dem gefilterten Wasser in die kleinen Gläser. Damit kannst du die nächsten Experimente besser durchführen. **Wichtig:** Klebe auch auf die kleinen Gläschen Zettel wie bei der Wassermischung.

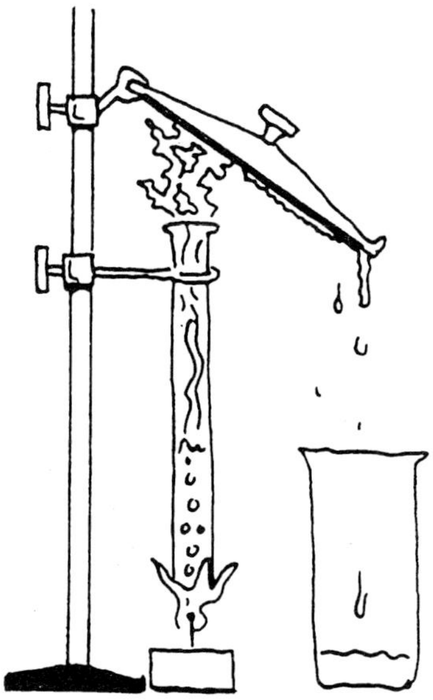

Sichtprobe

Schau dir die gefilterten Wasserproben genau an.
Vergleiche sie mit einer Leitungswasserprobe!
Ist das Wasser klar? Wenn nicht, was ist im Wasser zu sehen?

Geruchsprobe

Rieche vorsichtig an den Wasserproben. Kannst du noch den Geruch der gelösten Stoffe wahrnehmen?
Vorsicht: Einige werden sicher noch kräftig nach dem Stoff riechen, mit dem das Wasser gemischt wurde. Und die sind nicht alle ungefährlich. Daher: Vorsichtig und kurz riechen!

Destillation

Erhitze das Wasser in den Reagenzgläsern über einem Teelicht. Bringe dicht über dem Glas einen Deckel an, der schräg steht. Unter die Stelle, wo der Deckel am tiefsten ist, stellst du ein Gefäß.
Wenn das Wasser erhitzt wird, verdampft es. Der Dampf kühlt sich am Deckel ab und wird da wieder zu Wasser – er **kondensiert**.

Die Wassertropfen laufen an der Unterseite des Deckels entlang und tropfen von da in das Gefäß. Das Wasser, das dort landet, nennt man **destilliert**.

Wenn alles Wasser aus dem kleinen Glas verdampft ist, könnt ihr nachschauen. Was ist im Glas zurückgeblieben?

Wenn ihr alles sorgfältig aufgeschrieben habt, dann könnt ihr jetzt sagen, welche Stoffe nach dem Filtern noch im Wasser waren. Und welche wahrscheinlich rausgefiltert wurden.
Wenn ihr diesen Versuch durchgeführt habt, dann könnt ihr die Fachleute von der Kläranlage sicher noch gezielter befragen.